LAS RECETAS DE MI MADRE

LORENA Y TOÑI

LAS RECETAS DE MI MADRE

La primera vez que te divertirás
leyendo un libro de recetas

Grijalbo

Papel certificado por el Forest Stewardship Council®

Primera edición: marzo de 2024

Printed in Spain - Impreso en España

ISBN: 978-84-253-6649-9
Depósito legal: B-733-2024

Compuesto por Roser Colomer Pinyol
Impreso en Índice, S.L.
Barcelona

GR 66499

ÍNDICE

Queremos agradecer a la editorial Penguin Random House que haya hecho posible este sueño y a todos vosotros el apoyo que nos dais día a día y que queráis guardar con vosotros un pedacito de nosotras.

Las recetas de mi madre nació a partir de un negocio de comidas caseras que teníamos, y yo dije: «Chiquillo, esto no se puede perder, esto es un talento que la gente tiene que conocer», y aquí estamos hoy, cumpliendo un sueño. Quién nos iba a decir que escribiríamos un libro; solo nos falta plantar un árbol.

En estas páginas encontrarás recetas muy ricas que te explicamos con nuestra esencia, así que se te harán muy amenas, entretenidas y estarás deseando leer la siguiente.

Esperamos que lo recibas con el mismo amor que le hemos puesto nosotras.

LAS RECETAS DE MI MADRE

¿HOY QUÉ COMEMOS, MI <<ARMA>>?

ARROZ CON POLLO Y ALCACHOFAS

⏳ **TIEMPO:** HOMBRE, LO JUSTO Y NECESARIO

🧩 **DIFICULTAD:** NI UN POQUITO

👤 4-6 PERSONAS

INGREDIENTES

- 1 pollo
- ½ kg de arroz
- 1 cebolla
- 1 pimiento verde
- 3 tomates
- 3 dientes de ajo
- 4 alcachofas
- 1 vaso de vino blanco
- aceite de oliva al gusto
- sal y pimienta al gusto
- unas hebras de azafrán
- 1 l de agua

Apúntate en la libretita este arroz con pollo y alcachofas porque es demasiado buenorro.

1. Primero salpimentaremos el pollo (no me seas bruto y córtalo en trocitos) y lo freiremos.
2. Una vez listo, lo reservaremos y en el mismo aceite haremos la cebolla, el pimiento, los tomates y el ajo (todo esto también cortadito, por supuesto).
3. Una vez hecho el sofrito, lo trituraremos.
4. En una paellera pondremos el pollito con el sofrito, el vino, las alcachofas troceadas, las hebras de azafrán y lo cubriremos con agua.
5. Dejaremos que se integren bien todos los saborcitos de los ingredientes para que el caldito quede *buenorro* (una media horita a fuego medio-alto).
6. Añadiremos el arroz, salpimentaremos y lo dejaremos hasta que esté en su punto rico (unos 20 minutos a fuego medio).
7. Por último, emplataremos y, venga, disfruta... ¡DE NADA!

PIMPOLLO,
PRUEBA ESTE ARROZ
CON POLLO.

El que escucha nuestro consejo llegará lejos:

Proporciones:
- Para un arroz seco: 1 parte de arroz y 2 de agua
- Para un arroz meloso: 1 parte de arroz y 3 de agua
- Para un arroz caldoso: 1 parte de arroz y 4 de agua

ARROZ CON MARISCO

⧗ **TIEMPO:** HOMBRE, TIENE SU TIEMPO

✿ **DIFICULTAD:** IRREAL, IMAGINARIA, INEXISTENTE

☺ 4 PERSONAS

INGREDIENTES

- ½ pimiento rojo
- 1 pimiento verde
- 1 cebolla
- 2 dientes de ajo
- 1 l de caldo de pescado o agua
- azafrán
- 3 cucharadas de tomate concentrado
- 200 g de anillas de calamar
- 200 g de almejas
- ½ kg de mejillones
- 400 g de arroz
- 8 gambas
- 8 cigalas
- sal al gusto
- aceite de oliva al gusto

Este arroz con marisco (porque como lo llamemos paella vendrán una lluvia de valencianos enfadaos) ¡te dejará aluciflipando!

1. Primero herviremos los mejillones para aprovechar ese caldito colado.
2. En una paellera pondremos aceite, los pimientos cortados, la cebolla y los ajitos (todo pequeñito, que aquí sí importa el tamaño), y los iremos dorando a fuego suave.
3. Agregaremos las cigalas y las gambas, y las doraremos también (si no, pues no tendría chiste).
4. Añadiremos las 3 cucharadas de tomate y en un par de minutos las anillas y las almejitas, y las taparemos con una tapa (claro, no va a ser con un tenedor) para que se abran antes.
5. A continuación, incorporaremos los mejillones con el caldo colado (todavía seguimos a fuego suave).
6. Ahora agregaremos el caldo de pescado o agua (pero estamos como siempre, te quedará más rico con caldito, mi *arma*) y el azafrán (o colorante alimenticio).
7. Lo dejaremos hervir 15-20 minutos sazonándolo a nuestro gusto (no va a ser el del vecino) a fuego medio-alto.
8. Pasado ese tiempo, añadiremos el arroz y lo volveremos a dejar unos 20 minutos a fuego medio.
9. Por último, una vez listo, dejaremos reposar unos 5 minutos (aguanta, ¡que ya queda poco!).

¡LO LLAMAMOS ARROZ CON MARISCO PARA QUE LOS VALENCIANOS NO NOS PEGUEN UN MORDISCO!

El que escucha nuestro consejo llegará lejos:

- Poner las almejas con sal un par de horas antes para que suelten la tierra (si no, sería como comer arena de la playa, y qué rabia da eso, ¿verdad?).
- Al abrir los mejillones, colar y aprovechar el caldito, le dará más saborcito al arrocito.

BACALAO CON ALIOLI GRATINADO Y PIMIENTOS ASADOS

⏳ **TIEMPO:** 2 PESTAÑEOS

🧩 **DIFICULTAD:** BAJO CERO

👤 3 PERSONAS

INGREDIENTES

- 600 g de lomo de bacalao
- 1 pimiento rojo asado
- harina para rebozar
- aceite de oliva para freír
- 2 cucharadas de alioli por lomo

PARA EL ALIOLI
👤 (4-5 PERSONAS)

- 1 ajo
- 1 huevo
- 200 ml de aceite de oliva
- sal al gusto

Con este «bacalado de bilbado» toda la familia ha flipado. Es más fácil que caer pa'bajo.

1. Primero enharinaremos el bacalao y lo freiremos.
2. Precalentaremos el horno a 180 °C.
3. Cuando esté listo lo sacaremos (claro, si no, se nos quemará) y lo pondremos en una bandeja de horno.
4. Le agregaremos alioli por encima.
5. Gratinaremos unos 10 minutitos a 180 °C.
6. Por último, emplataremos con los pimientitos asados por encima.

ALIOLI

1. En un vaso batidor pondremos todos los ingredientes (al ajo puedes quitarle el germen, es decir, la parte de dentro, si no quieres que te repita; ahora bien, si lo que pretendes es ahuyentar a la gente, déjalo enterito).
2. Mantendremos el brazo de la batidora en el fondo del vaso y empezaremos a batir los ingredientes unos 20 segundos. Sobre todo, no hay que moverlo de sitio.
3. A continuación, iremos subiendo la batidora poco a poco hacia arriba y enseguida se empezará a formar la salsa.
4. Una vez que tengamos la batidora arriba del todo, batiremos unos segundos más (de arriba abajo) y, ¡ea!, el alioli ya estará listo (con esta técnica verás que no se te corta *never*).

CON ESTE BACALAO TE QUEDARÁS EMBOBAO.

NUESTRO COCIDO CON PELOTAS

⏳ **TIEMPO:** *LONG TIME* (IDIOMAS, QUERIDO)

🧩 **DIFICULTAD:** MEDIA

👤 4 PERSONAS

INGREDIENTES

- 400 g de garbanzos cocidos
- 1 hueso de ternera
- 2 huesos salados
- 1 hueso de espina
- 1 trozo de pollo
- 1 trozo de gallina
- 1 trozo de ternera
- 1 puerro
- 1 zanahoria
- 1 apio
- 100 g de judía verde
- 2 patatas
- 150 g de fideos finos
- sal al gusto
- aceite de oliva al gusto

Si quieres tener la barriga llena todo el día, prepara este cocido con pelotas que te dejará sin palabras. Apunta la receta porque somos adivinas ¡y sabemos que te va a gustar!

1. Primero pondremos en una olla todos los ingredientes bien lavaditos (incluidos los huesos salados) menos las patatas, los fideos, los garbanzos y las pelotitas (o pelotazas, según lo mires, a nosotras nos gustan unas buenas pelotas).

2. Cubriremos con agua y lo pondremos a hervir (iremos desespumando). Cuando hierva, lo dejaremos a fuego medio-alto para que se vaya cocinando sobre 1 hora y media.

3. Transcurrido este tiempo lo sacaremos todo y colaremos el caldo (a nosotras nos gusta así, sin cosas, y por cosas entendemos alguna piel de la verdura, por ejemplo; no va a haber una pelota de pimpón).

4. Pondremos de nuevo todo lo que habíamos sacado y le añadiremos las patatas, los garbanzos y las pelotas (acuérdate de que no son las de jugar) para que se vayan cocinando durante unos 12-15 minutos.

5. A continuación, incorporaremos los fideítos y lo dejaremos hasta que todo esté tierno (unos 30 minutos a fuego medio-bajo).

PARA LAS PELOTAS

- 200 g de carne picada
- 50 g de pan rallado
- 1 ajo picado muy finito
- 1 huevo
- perejil picado muy fino
- sal al gusto

PARA HACER LAS PELOTAS

1. En un bol pondremos la carne picada junto con el huevo, el pan rallado, el perejil, el ajo (cortado pequeñito, por favor, imagínate encontrarte un trozaco de ajo) y la sal.
2. Lo mezclaremos todo y haremos unas bolitas del tamaño que más nos guste (ni como una pelota de pimpón, ni como una de petanca, término medio), aunque ya sabes que a nosotras nos gustan unas buenas pelotas.

TE DEJARÁ ESTE COCIDO
TODO EL DÍA BIEN SERVIDO.

El que escucha nuestro consejo llegará lejos:

- Si quieres usar garbanzos secos, puedes hacerlo tranquilamente, solo tendrás que dejarlos en remojo la noche anterior.
- Si no quieres hacer tanto trasvase de alimentos, también estaría bien, peroooooo... queda más curioso así, las cosas como son.

COSTILLAS EXTRATIERNAS CON SALSA BARBACOA

⏳ **TIEMPO:** TE QUITARÁ UN RATITO, PERO... COMER HAY QUE COMER, ¿NO?

🧩 **DIFICULTAD:** LO HACE TODO EL HORNO

👤 4 PERSONAS

INGREDIENTES

- 1 costillar
- sal y pimienta al gusto
- aceite de oliva al gusto

PARA LA SALSA BARBACOA

- 2 cebolletas
- 200 g de salsa de tomate
- 7 u 8 gotas de tabasco
- 2 cucharadas de azúcar moreno
- 2 cucharadas de salsa Perrins
- 1 cucharada de pimentón dulce o picante (tú eliges)
- 1 cucharada de mostaza
- 2 cucharadas de miel
- 2 cucharadas de kétchup
- 1 cucharada de salsa de soja
- 4 cucharadas de vinagre
- 1 cucharada de aceite de oliva
- sal y pimienta al gusto

¡ESTAS COSTILLITAS TE QUITARÁN LAS PENITAS!

Si quieres saber de una vez por todas cómo narices hace la gente las costillas para que se despegue la carne del hueso sin que la factura de la luz arruine su vida, hoy te enseñamos todos los truquis.

1. Primero precalentaremos el horno a 200 °C.
2. Salpimentaremos el costillar, lo rociaremos con un chorrito de aceite y le daremos un masajito rico.
3. Lo taparemos con papel de plata y lo llevaremos al horno 1 hora con calor arriba y abajo a 200 °C (tranquilo, que no se te va a quemar, no me seas desconfiado).
4. Apagaremos el fuego y lo dejaremos reposar otra hora tapadito dentro del horno.
5. Mientras tanto, haremos la salsa: lavaremos y cortaremos las cebolletas muy finamente y las cocinaremos con un pelín de aceite y sal hasta que estén bien blanditas (sin llegar a coger color; vamos, blanquitas como tú en el mes de diciembre).
6. Añadiremos el azúcar moreno y removeremos hasta que la cebolleta se caramelice.
7. Le pondremos la salsa de tomate y dejaremos que se integre bien, y cuando pasen 2 o 3 minutillos agregaremos el resto de los ingredientes.
8. Lo dejaremos cocinar a fuego lento 5 minutos y lo removeremos para evitar que se pegue (fuera violencia).
9. Una vez que haya reposado el costillar, lo pintaremos como si fuésemos Dalí con la salsita barbacoa esta tan rica que hemos preparado.
10. Y para el horno de nuevo 15 minutos por cada lado a 200 °C, calor arriba y abajo.
11. No hay 11, ya se ha acabado, ¿te parece poco?

PATATAS CON COSTILLITAS

⏳ **TIEMPO:** UNA *MIJITA*, LA VERDAD

🧩 **DIFICULTAD:** CERO, NINGUNA

👤 4 PERSONAS

INGREDIENTES

- 800 g de costillas de cerdo
- 600 g de patatas
- 2 tomates
- 1 pimiento verde
- 1 cebolla
- 3 dientes de ajo
- 1 l de agua
- 200 g de guisantes
- 1 hoja de laurel
- 1 cucharada de tomillo
- 1 cucharada de orégano
- 1 vaso de vino blanco
- unas hebras de azafrán
- sal y pimienta al gusto
- aceite de oliva al gusto

Este es el típico plato que tienes que saber cocinar sí o sí. ¿Que nunca lo has hecho? Anda, ven, alma de cántaro, que te lo enseñamos (la receta..., mal pensado).

1. En una sartén pondremos a freír la costilla, que llevará sal y pimienta, si no, te quedará más soso que la comida de un hospital.
2. Una vez lista, la apartaremos.
3. Después cortaremos las verduras (en trozos grandes, no te compliques).
4. En el mismo aceite haremos el sofrito con el tomate, la cebolla, el pimiento y el ajo.
5. Cuando esté, lo trituraremos todo.
6. En una olla añadiremos las costillas junto con el sofrito triturado, 1 litro de agua y los guisantes, y lo dejaremos hervir a fuego medio-alto 15 minutos.
7. Pasado el tiempo, añadiremos las hebras de azafrán, las hierbas (tomillo y orégano), el vino blanco, la hojita de laurel y las patatas, y lo dejaremos todo a fuego medio unos 30 minutos.
8. Por último, emplataremos, y esto quedará espectacular, tanto que nos darán ganas de comernos hasta el plato, ¡pero está muy duro!

COME Y BEBE,
¡QUE LA VIDA ES BREVE!

LASAÑA BOLOÑESA

⏳ **TIEMPO:** RÁPIDA RÁPIDA NO ES, LA VERDAD

🧩 **DIFICULTAD:** MUY POQUITA

👤 2 PERSONAS

INGREDIENTES

- 350 g de salsa boloñesa
- 14 láminas de pasta para lasaña
- 800 ml de bechamel
- 250 g de queso mozzarella / 4 quesos (o el que te dé la gana, ¡claro que sí!)

PARA LA SALSA BOLOÑESA

- 250 g de carne picada (la que más te guste)
- 300 g de tomate triturado
- ½ cebolla
- 1 ajo
- ½ vaso de vino tinto
- 1 zanahoria
- sal y pimienta al gusto
- aceite de oliva al gusto

NO DEJES PARA MAÑANA LA LASAÑA QUE TE PUEDES COMER HOY.

Esta es la pedazo de lasaña que nos marcamos nosotras en casa. ¿Quieres aprender a hacerla? Venga, no me seas vago y apunta, que te mueves menos que los jugadores del futbolín.

1. Primero haremos la salsa boloñesa.
2. En una sartén con un pelín de aceite pocharemos el ajo laminado y añadiremos la cebolla, cortada bien pequeñita, y la zanahoria, también cortadita bien finita (no queremos encontrarnos trozacos).
3. Salpimentaremos la carne y la llevaremos a la sartén con los demás ingredientes hasta que esté medio hecha.
4. Añadiremos el vino tinto y esperaremos hasta que se evapore el alcohol.
5. Agregaremos el tomate triturado y dejaremos que dé un hervor unos 20 minutos a fuego medio.
6. Mientras tanto, pondremos a hervir las placas de lasaña como te indica el fabricante (quiénes somos nosotras para llevarle la contraria).
7. Para montar la lasaña, en un recipiente apto para el horno pondremos una buena capa de bechamel, encima una placa de lasaña, más bechamel y el relleno (así hasta llegar casi al borde de la fuente).
8. No se te olvide precalentar el horno a 180 °C, si no, vas a tardar más que la obra de la Sagrada Familia.
9. Terminaremos con una placa de lasaña que cubriremos con bechamel y una tonelada de queso rallado.
10. Por último, al horno a 180 °C, unos 20-25 minutos.

El que escucha nuestro consejo llegará lejos:

- En la página 154 de este libro tienes cómo hacer la bechamel ¡PERFECTA! ¡CORRE A VERLA!

LENTEJAS A NUESTRO ESTILO

⏳ **TIEMPO:** UN RATITO, NO VAMOS A MENTIR

🧩 **DIFICULTAD:** MEDIA

👤 4 PERSONAS

INGREDIENTES

- 250 g de lenteja pardina
- 1 tomate madurito
- 1 cebolla
- 1 pimiento verde
- 3 dientes de ajo
- 250 g de costilla de cerdo
- 1 morcilla
- 1 chorizo
- 1 patata
- sal al gusto
- aceite de oliva al gusto
- 1 cucharada de pimentón dulce
- 1 taza de arroz
- 1 hojita de laurel

Las lentejas en nuestra casa es uno de los platos estrella. No hemos probado lentejas más ricas que estas (mi madre no me está obligando a decir esto, tranquilo).

1. Primero lavaremos las lentejas con mucha energía.
2. En una olla pondremos las lentejas y todos los ingredientes, incluidos el laurel y el pimentón (todo bien lavadito), menos la costilla, el chorizo y la morcilla. Los ingredientes enteros no hace falta cortarlos: al tomate le haremos una cruz (Satanás, por aquí no vuelvas más), quitaremos el rabo y las pepitas al pimiento y la cebolla la pelaremos y entera para la olla.
3. Lo dejaremos todo a fuego medio hasta que hierva.
4. En una sartén con un poquito de aceite freiremos la costilla, el chorizo y la morcilla.
5. Una vez hirviendo le agregaremos la patata cruda cortada, la costilla y el chorizo (la morcilla no, que se deshace, y luego te preguntarán por ella, y a ver qué hacemos).
6. Cuando vuelva a hervir contaremos 40 minutos, pero a los 20 minutos añadiremos la tacita de arroz y rectificaremos de sal.
7. Por último, incorporaremos la morcilla y emplataremos.

ESTAS LENTEJAS SEGURO QUE NO LAS DEJAS.

CANELONES DE CARNE Y BEICON

TIEMPO: LO IMPORTANTE ES QUE QUEDEN RICOS

DIFICULTAD: HAY RECETAS PEORES

3-4 PERSONAS (DEPENDE DE SI ERES UN COMILÓN O NO)

INGREDIENTES

- 1 cebolla
- 200 g de beicon
- 800 g de carne picada mixta
- 1 cucharada de ajo en polvo
- 5 cucharadas de tomate frito
- 200 ml de nata para cocinar
- 20 placas de canelones
- 4 quesos rallados
- bechamel (tienes la receta en el libro, página 154)
- sal y pimienta al gusto
- aceite de oliva al gusto

¡Estos canelones son una de nuestras versiones favorita! Y no nos extraña, ¡¿has visto qué pintaza, por Dios?! ¡Esto entra mejor que una búrguer después de venir de fiesta!

1. Primero pondremos a precalentar el horno a 200 °C. Nos gusta precalentarlo antes de nada para que esté calentito y tarde menos en hacer la comida.

2. A continuación, sofreiremos la cebolla y cuando esté casi lista añadiremos el beicon.

3. Una vez *ready*, incorporaremos la carne mixta (salpimentada y con ajito, así tendrá ese toque sabrosón que tanto nos gusta) y esperaremos hasta que se haga (no nos gusta que haga muuu).

4. Cuando esté cocinada, agregaremos el tomate y la nata.

5. Ahora trituraremos y rellenaremos los canelones.

6. Este punto sería el perfecto para hacer la bechamel, perooooooo... no te la vamos a explicar porque ya la tienes en este mismo libro (así pues, te lees la página 154, ea).

7. En una fuente pondremos una base de esta pedazo bechamel (corre, corre a verla, a qué esperas), encima una capa de canelones y ¡otro pedazo capa de bechamel!

8. Acabaremos con quesito rallado y al horno a 180 °C unos 30 minutos.

¡TE PEDIRÁN ESTA RECETA DE CANELONES A MOGOLLONES!

PASTA ALL'ARRABBIATA

⏳ **TIEMPO:** UN POQUITITO

🧩 **DIFICULTAD:** NULA

👤 4 PERSONAS

INGREDIENTES

- 400 g de pasta nido
- 4 dientes de ajo
- 3 guindillas
- 1 lata de tomate natural pelado (500 g)
- 1 cucharadita de tomillo
- 1 cucharadita de perejil
- 1 cucharadita de orégano
- 8 o 9 hojas de albahaca fresca
- 1 cucharadita de azúcar
- 200 g de queso parmesano
- aceite de oliva al gusto
- pimienta y sal al gusto

¿Has probado alguna vez esta pasta? No apta para cobardes, que todos somos muy valientes hasta que el escarabajo vuela.

1. En una olla con un poquito de aceite pondremos a dorar los ajitos fileteados y las guindillas (si eres valiente, ponle más guindillas, pero recuerda: si pica al entrar, pica al salir).
2. Cuando los ajos estén doraditos (sin quemarse porque, si no, amargarán más que un verano haciendo dieta), añadiremos el tomate junto con las especias, las hojas de albahaca fresca picaditas, el azúcar, la sal y la pimienta.
3. Dejaremos que se haga todo a fuego medio-bajo unos 40 minutos.
4. Cuando tengamos la salsa, pondremos a hervir la pasta siguiendo las indicaciones del fabricante.
5. Por último, emplataremos y añadiremos queso parmesano por encima (más o menos como pa parar un tren).

Y COMO DICE EL REFRÁN,
TRAS EL QUESO, BESO, PILLÍN/A.

POTAJE CON FUNDAMENTO

⧗ TIEMPO: LO SUFICIENTE PARA NO ABURRIRTE

DIFICULTAD: MEDIA

4 PERSONAS

INGREDIENTES

- 350 g de judía blanca seca
- 1 tomate
- 1 cebolla
- 1 pimiento verde
- 1 cabeza de ajo entera
- 1 morcilla
- 1 chorizo
- 1 trozo de tocino fresco
- 1 trozo de carne magra
- sal al gusto
- aceite de oliva al gusto
- 1 taza de arroz
- 1 cucharada de pimentón picante o dulce

Este potaje resucita a un muerto, es delicioso y con fundamento. La dieta en esta receta se queda un poco atrás.

1. La noche anterior pondremos a remojo las judías. ¡HASTA MAÑANA!
2. AHORA YA ESTAMOS AL DÍA SIGUIENTE (¿HAS VISTO QUÉ RÁPIDO?). Enjuagaremos muy bien las judías y las pondremos en una olla con todos los ingredientes (todo entero y bien lavadito, por favor).
3. También añadiremos un buen chorro de aceite de oliva y el pimentón (mejor picante, sé valiente).
4. Dejaremos hervir a fuego medio durante 1 hora.
5. Pasado este tiempo incorporaremos el arroz y rectificaremos de sal (dejaremos que hierva otra vez a fuego medio hasta que el arroz esté tierno).
6. Por último, emplataremos.

ESTE POTAJE CON FUNDAMENTO DESAPARECERÁ DE LA MESA EN UN MOMENTO.

El que escucha nuestro consejo llegará lejos:

· Si quieres usar judía cocida de bote puedes hacerlo tranquilamente.

SEPIA CON PATATAS

⏳ TIEMPO: HAY RECETAS MÁS RÁPIDAS, PERO TAMBIÉN MÁS LENTAS

🧩 DIFICULTAD: «NAÍTA NAÍTA», EN EL DICCIONARIO DE MI MADRE

👤 4 PERSONAS

INGREDIENTES

- 1 kg de sepia
- 1 cebolla
- 2 tomates
- 2 dientes de ajo
- 1 vaso de vino blanco
- 1 l de caldo de pescado
- hebras de azafrán o colorante
- 1 hoja de laurel
- ½ kg de patatas
- 200 g de guisantes
- sal al gusto
- aceite de oliva al gusto

¡Esta sepia con patatas es un recetón y te gustará más que bailar un reguetón!

1. Primero lavaremos y trocearemos la sepia y la pondremos con un poquito de aceite y sal en una olla, no mucha, que la sepia ya es salada y, si no, nos quedaría el plato más salado que el mar Muerto.

2. Iremos removiendo a fuego bajo.

3. En otra sartén haremos un sofrito con la cebolla, los tomates y los ajos troceados (aquí no importa el tamaño porque luego se triturarán).

4. Cuando esté listo y triturado, lo añadiremos a la sepia junto con el caldo de pescado (si no tienes, no te agobies, mi *arma*, añade agua, aunque el sabor no será el mismo, evidentemente), el laurel, el vino blanco, las hebras de azafrán o colorante, y lo dejaremos a fuego alto hasta que hierva.

5. Cuando empiece a hervir, lo bajaremos a fuego medio e incorporaremos los guisantes y las patatas, y lo dejaremos cocer hasta que veamos que todo está tierno (como tú, corazón, cuando miras a tu *crush*).

A ESTA SEPIA CON PATATAS LE SALDRÁN MUCHAS CANDIDATAS.

El que escucha nuestro consejo llegará lejos:

- Al cortar las patatas las «chasquearemos», así soltarán más almidón y el caldo tendrá más cuerpo, quedará más espeso y más rico, ¿no? ¿O qué?

POLLO AL AJILLO

⏳ **TIEMPO:** 3 SUSPIROS

🧩 **DIFICULTAD:** NO EXISTE EN ESTA RECETA

👤 4 PERSONAS

INGREDIENTES

- 1 pollo
- 1 cabeza de ajos
- perejil picado
- 1 cucharada de tomillo
- 1 hoja de laurel
- 1 vaso de vino blanco
- sal y pimienta al gusto
- aceite de oliva al gusto

Queremos que pruebes nuestro pollo al ajillo. Lo hacemos a menudo y es espectacular, pero no tanto como tú, bombón.

1. Primero en una olla con bien de aceite doraremos los dientes de ajo sin pelar y sin que se quemen porque, si no, amargarán, y a ver quién se come eso después.
2. Los tenemos que hacer a fuego medio porque nos interesa que se confiten. Una vez listos, los retiraremos.
3. Cortaremos el pollo en trozos pequeños (puedes quitarle la piel, aunque a nosotras nos encanta, ¡qué quieres que te diga!).
4. Lo salpimentaremos y lo haremos en la misma olla con el aceite de los ajitos.
5. Freiremos el pollo hasta que quede bien morenito.
6. Retiraremos la mitad del aceite de esa olla e incorporaremos los ajitos, el laurel, el vino, el perejil y el tomillo.
7. Dejaremos que se integren todos los ingredientes hasta que se reduzca el alcohol y nos quede una salsita (todo esto a fuego medio).
8. Emplataremos y... ahora entiendes por qué lo hacemos tan a menudo, ¿verdad?

ESTE POLLO AL AJILLO LE DARÁ
AL PALADAR MUCHO GUSTILLO.

ENSALADILLA ESPAÑOLA

TIEMPO: BIEN APROVECHADO POR EL RESULTADO

DIFICULTAD: ESTO ES MÁS FÁCIL QUE LA TABLA DEL CINCO

4 PERSONAS

INGREDIENTES

- 4 patatas
- 2 latas de atún o bonito
- 2 zanahorias
- 300 g de guisantes
- 4 huevos
- 2 pimientos morrones
- 100 g de olivas SIN hueso (o aceitunas, no os volváis locos)
- mayonesa al gusto
- sal al gusto

En esta página te enseñaremos cómo hacemos nosotras nuestra pedazo de ensaladilla española, ¡olé!

1. Primero pondremos a cocer los huevos, las patatas, las zanahorias y los guisantes.
2. Una vez frías las patatas, las pelaremos.
3. Cortaremos las zanahorias y las patatas como más nos guste y las añadiremos a un bol junto con los guisantes y la sal.
4. Ahora será el turno de los huevos, que los tendremos que pelar y añadir al bol con los demás ingredientes. Reservaremos 1 huevito para decorar el plato y que quede más bonito. Tienes que ser curioso, hombre, que todo entra por la vista.
5. Al bol también agregaremos las oli-aceitunas (ni *pa* ti ni *pa* nosotras), el pimiento morrón, la mayonesa y el atún o bonito.
6. Mezclaremos todo muy bien.
7. Emplataremos con mucho arte y decoración.
8. Por último, a la nevera para que esté bien fresquita.

TE DARÁ MUCHA VIDILLA ESTA ENSALADILLA.

POLLO EN SALSA DE VERMUT

⏳ TIEMPO: POQUÍSIMO PARA LO BUENO QUE ESTÁ

🧩 DIFICULTAD: NO TE ENGAÑAMOS, CERO ELEVADO AL CUBO

👤 4 PERSONAS

INGREDIENTES

- 1 pollo
- 150 ml de vermut rojo
- 1 l de caldo de pollo
- 1 hoja de laurel
- 1 cebolla
- 4 dientes de ajos
- 1 lata pequeña de tomate natural
- sal y pimienta al gusto
- aceite de oliva al gusto

Serás el mejor anfitrión con este pollito al vermut. Todos te harán la ola, palabrita. Hijo, si tu familia es sosa, no es nuestra culpa, nosotras te la haríamos.

1. Primero cortaremos, lavaremos y salpimentaremos el pollo.
2. Lo freiremos en una olla o cazuela y, cuando esté, lo reservaremos.
3. En el mismo aceite freiremos la cebolla y los ajitos, todo cortado pequeño (los ajos, como siempre os decimos, que no se quemen, que, si no, amargarán más que un chupito de jengibre).
4. Cuando esté todo pochadito, a fuego suave añadiremos la latita de tomate (a ver, lo que hay dentro de la lata) con el laurel y dejaremos que se cocine bien.
5. Incorporaremos el vermut y el pollito, lo dejaremos a fuego alto para que se evapore el alcohol del vermut (igual que se evaporó tu ex).
6. Por último, agregaremos el caldo hasta que cubra, bajaremos a fuego medio y lo dejaremos como 1 hora hasta que se haga bien.

¡ESTE POLLO EN SALSA DE VERMUT TE SABRÁ DIFERENTE, PERO LE GUSTARÁ MUCHO A TODA TU GENTE!

MERLUZA EN SALSA

⏳ **TIEMPO:** UNA *MIJILLA*, NO TODO VA A SER UN VISTO Y NO VISTO

🧩 **DIFICULTAD:** NULA, ESTO SÍ QUE SÍ, TODO LO PONEMOS FACILITO

👤 4 PERSONAS

INGREDIENTES

- 8 rodajas de merluza
- 8 gambas
- 400 g de almejas
- 1 sepia
- 4 tomates maduritos
- 1 cebolla
- 1 pimiento verde
- 4 dientes de ajo
- 1 vaso de vino blanco
- 1 ramita de tomillo
- 1 l de caldo de pescado
- harina para rebozar
- 1 hoja de laurel
- aceite de oliva al gusto
- sal al gusto

CON ESTA RECETA DE MERLUZA, SE LES QUEDARÁN LOS OJOS A TUS INVITADOS COMO LOS DE UNA LECHUZA.

Yo, Lorena, os digo que esta es una de mis recetas favoritas. ¡No puede estar más buenorra, por Dios!

1. Primero lavaremos y cortaremos la sepia en trocitos.
2. Pondremos las almejas en un jarro con un poquito de agua (obvio, primero las lavaremos, hay que ser limpio en esta vida).
3. Las coceremos hasta que se abran y reservaremos.
4. Salaremos y rebozaremos con la harina los trocitos de sepia y merluza.
5. Los freiremos en una sartén y, cuando estén, también los reservaremos.
6. Lavaremos y trocearemos la cebolla, los ajos, el pimiento y los tomates (aquí si puedes cortar los ingredientes en trozacos grandes, ya que los trituraremos, así que el tamaño no importa).
7. En la sartén donde hicimos la merluza y la sepia (si le falta aceite, ponle un poquito, no nos seas tacaño, alma de cántaro), pondremos a pochar la verdura y el ajo troceados y añadiremos un pelín de sal.
8. Una vez listo, sacaremos y trituraremos (que quede bien fino, como la piel de un bebé).
9. El triturado lo agregaremos a una cazuela con el caldo de pescado, el vino, el laurel, la ramita de tomillo y la sepia (si no, quedará más dura que la vuelta al trabajo después de las vacaciones).
10. Lo dejaremos unos 45 minutos a fuego medio para que se integren todos los sabores.
11. Por último, añadiremos las gambas, las almejas y la merluza unos 15 minutos a fuego bajo (cuidado, no lo dejes mucho, si no, será papilla de merluza).

MAGRO CON TOMATE

⏳ **TIEMPO:** EL JUSTO
Y NECESARIO

🧩 **DIFICULTAD:** NO SE
LA VEMOS

👤 4 PERSONAS

INGREDIENTES

- 500 g de magro
- 1 cucharada de sazonador de carne
- 1 cucharada de comino
- 3 dientes de ajo
- 1 ramita de romero
- 2 o 3 ramitas de tomillo
- 1 lata de tomate natural triturado
- aceite de oliva al gusto
- sal y pimienta al gusto

¡¡¡Esta receta siempre es un éxito en nuestra casa!!!

1. Primero salpimentaremos la carne, le pondremos las especias y la doraremos en una sartén (claro, no va a ser en un vaso).

2. Mientras tanto, pondremos en marcha el tomate (aquí no se pierde el tiempo, que ya sabemos que es oro). En una cazuela con un par de cucharadas de aceite doraremos los ajitos laminados (cuidado con que no se quemen, que, si no, amargan más que si el día de Reyes te traen carbón) e incorporaremos el tomate con la ramita de romero y el tomillo (para que salga lo malo y entre lo bueno).

3. Dejaremos que se haga a fuego lento unos 30 minutos.

4. Por último, añadiremos la carne y lo dejaremos todo unos 20 minutos más para que coja su saborcito sabrosón.

*¡TE PARECERÁ UN MILAGRO
CUANDO VEAS CÓMO SE COMEN TODOS
ESTA RECETA DE MAGRO!*

EL RISOTTO DE MI MADRE

⏳ **TIEMPO:** SI NI EL TAMAÑO NI LA EDAD IMPORTAN, ¿POR QUÉ EL TIEMPO SÍ?

🧩 **DIFICULTAD:** SI YO PUEDO, TÚ TAMBIÉN

👤 4 PERSONAS

INGREDIENTES

- 400 g de arroz
- 1,5 l de caldo de pollo
- 1 cebolla
- 40 g de mantequilla
- 120 g de queso parmesano
- 350 g de setas
- sal y pimienta al gusto
- 1 vaso de vino blanco

¿A ver quién se atreve a decirle que no a un billete de 50 € y a este risotto de mi madre? ¡Pues nadie!

1. Primero empezaremos llorando más que con la película del Titanic porque tendremos que cortar la cebolla en trocitos pequeños.
2. Calentaremos una sartén con la mantequilla y añadiremos la cebolla asesina (es que hace llorar más que los ex). La dejaremos hasta que esté traslúcida.
3. A fuego medio-alto incorporaremos nuestras setitas limpias y troceadas junto con un poquito de sal y pimienta (para darle un poco de alegría a todo esto).
4. Nos prepararemos 2 vasitos de vino (uno para los cocineros, ya tienes la excusa perfecta) y otro para la receta, y lo agregaremos a la sartén.
5. Mientras tanto, en un cazo aparte, calentaremos el caldo de pollo (tiene que estar más caliente que el palo de un churrero).
6. Una vez que los ingredientes hayan absorbido el alcohol (¡qué listos son!), bajaremos el fuego a fuego medio, añadiremos el arroz y removeremos un par de minutos.
7. Iremos incorporando el caldo caliente en tandas, o sea, cuando el arroz lo haya absorbido casi por completo (este también es muy listo), añadiremos la otra tanda, y así hasta acabar el litro y medio.
8. Lo dejaremos a fuego medio unos 15-20 minutos (hasta que tenga tu punto deseado), pero remueve de vez en cuando, alma de cántaro, que tú eres capaz de olvidarte del risotto.
9. Por último, retiraremos del fuego (acuérdate de apagarlo), decoraremos con el quesito parmesano, y ¡corre a la mesa!

CON ESTE RISOTTO DE SETAS TE CRECERÁN...
¡LAS VISITAS! ¡NO SEAS MAL PENSADO!

LAS RECETAS DE MI MADRE

IDEAS DE CENA,
PORQUE PENSAR
QUÉ HACER
DE CENAR DA
MÁS PEREZA
QUE DESHACER
MALETAS

ENSALADA CÉSAR

⧗ **TIEMPO:** ESCASO

⚙ **DIFICULTAD:** CASI INEXISTENTE

👤 2-3 PERSONAS

INGREDIENTES

- ½ lechuga romana
- 3 lonchas de beicon
- 1 pechuga de pollo
- 125 g de picatostes

PARA LA SALSA

- 60 ml de aceite de oliva
- 1 yema
- 3 anchoas
- 1 cucharada de vinagre de manzana
- 1 cucharada de salsa Perrins
- 1 cucharada de mostaza de Dijon
- el zumo de ½ limón
- ½ diente de ajo
- 60 g de queso parmesano
- pimienta negra al gusto

¿Te apetece comerte una buena ensalada casera? ¿A que sí? Pues apúntate esta, que se convertirá en una de tus favoritas, eso te lo juramos por Snoopy.

1. Primero haremos la salsa.
2. Tendremos que mezclar todos los ingredientes con una batidora.
3. Después lavaremos y cortaremos la lechuga romana.
4. En una plancha haremos el pollo y el beicon.
5. Por último, pasaremos a montar la ensalada: la lechuga abajo, el pollo, el beicon y los picatostes arriba, y un buen chorrazo de salsita César que hemos preparado.

SI UN DÍA SIENTES UN VACÍO, COME, ¡ES HAMBRE!

El que escucha nuestro consejo llegará lejos:

- Los picatostes los podéis comprar ya hechos, si no, en este pedazo de libro también tenemos la recetita de los picatostes al microondas en un abrir y cerrar de ojos (página 196).

PAPAS «ALIÑÁS» CON CABALLA

⏳ TIEMPO: UN PERIQUETE

🧩 DIFICULTAD: MENOS CERO

👤 3-4 PERSONAS

INGREDIENTES

- 3 patatas (de buena calidad, esa es la clave)
- 200 g de caballa
- 1 cebolla tierna
- perejil al gusto
- aceite de oliva AOVE al gusto
- vinagre al gusto
- sal al gusto

Desde que probamos este plato supimos que lo teníamos que hacer en casa sí o sí. Una tapa que no deja indiferente a nadie, ¡palabrita de mi madre y mía!

1. Primero de todo pondremos a hervir las patatas lavadas y con piel. Para comprobar si están listas, las pincharemos, pobrecitas, con el tenedor.
2. Mientras tanto, picaremos la cebolla y la incorporaremos a un bol con el perejil picado.
3. Pelaremos la patata en caliente (cuidado con los dedillos, que yo me dejé las huellas dactilares) y la cortaremos como más nos guste.
4. Por último, emplataremos: pondremos las papas de base, la sal, el aceite, el vinagre, la cebolla tierna y el perejil picado, y, para rematar este delicioso plato, incorporaremos la caballa encima y añadiremos otro chorrito de AOVE.

CON ESTAS PAPAS ALIÑÁS, NO TE HACE FALTA MÁS «NA».

El que escucha nuestro consejo llegará lejos:

- Para que las patatas agarren el sabor potente del aceite y la sal, es *very important* incorporarlas cuando están CALIENTES.
- Nosotras te recomendamos la patata monalisa.

JUDÍAS VERDES CON PANCETA IBÉRICA Y CHAMPIÑONES

⏳ **TIEMPO:** LO JUSTO Y NECESARIO

🧩 **DIFICULTAD:** MÍNIMA MÍNIMA

👤 2 PERSONAS

INGREDIENTES

- 400 g de judía verde
- 4 tiras de panceta ibérica
- 150 g de champiñones
- 2 cucharadas de ajo en polvo
- sal y pimienta al gusto
- aceite de oliva al gusto

Sabemos que las judías verdes... pues... no te gustan mucho, la verdad, peeero... de esta manera te las comerás muy a gustito, haznos caso...

1. Primero lavaremos y cortaremos las judías en trocitos pequeños.
2. Las llevaremos a hervir unos 10 minutos.
3. Cortaremos la panceta y la haremos en la sartén hasta que adquiera un morenito sabrosón.
4. En el mismo aceite incorporaremos los *champis* con el ajo en polvo y salpimentamos.
5. Una vez que tengas todos los ingredientes listos, lo mezclaremos todo en la sartén unos 5 minutos.
6. Por último emplataremos, y, de verdad, os sorprenderéis tú y toda la familia.

¡¡¡CON ESTAS JUDÍAS YA NO TENDRÁS MÁS MANÍAS!!!

MIGAS DE COLIFLOR

⧗ **TIEMPO:** POQUITITO

⚙ **DIFICULTAD:** NI UN POQUITITO

👤 2 PERSONAS

INGREDIENTES

- 1 coliflor
- 1 chorizito
- 3 trozos de beicon
- 2 o 3 dientes de ajo
- 1 cucharada de pimentón picante
- 2 huevos
- 1 pimiento verde
- sal al gusto
- aceite de oliva al gusto

*Estas migas están hechas de coliflor... Sí, sí, como lo lees...
No, no, ¡no saltes de página! Dale una última oportunidad a la
coliflor, venga, va.*

1. Primero lavaremos la coliflor, la picaremos hasta que queden unas migas (también puedes comprar migas de coliflor directamente, a nosotras es que nos encanta complicarnos la vida) y las reservaremos.

2. En una sartén con un poquito de aceite doraremos los ajos. Cuando se hayan dorado, los sacaremos y agregaremos al mismo aceite el chorizo, el beicon y el pimiento (cortados pequeñitos). Cuando estén, retiraremos.

3. Llevaremos las migas a la misma sartén (para que así coja el saborcito de los ingredientes) con sal y pimentón picante, y dejaremos que se tuesten un poquito a fuego medio durante 15 minutos.

4. Pasado el tiempo, añadiremos los ajitos, el pimiento, el chorizo y el beicon (sí, hacemos migas de coliflor y luego les metemos chorizo... poco a poco, ¡no vamos a hacer el cambio de golpe!), y dejaremos que se integre todo unos 10 minutos.

5. Por último, haremos los huevitos, ya sean a la plancha o fritos, como más te gusten.

NO NOS MIENTAS Y NO NOS DIGAS
QUE NO TE GUSTAN ESTAS MIGAS.

PASTA FRÍA COMPLETA

⏳ **TIEMPO:** POQUITO POQUITO

🧩 **DIFICULTAD:** 0 POR CIENTO

👤 4 PERSONAS

INGREDIENTES

- 400 g de pasta (la que más te guste)
- 75 g de aceituna sin hueso (si no quieres quedarte sin piños)
- 3 latas de atún
- 1 aguacate
- 4 rodajas de piña en su jugo
- 1 latita de maíz
- 4 salchichas
- aceite de oliva al gusto
- sal al gusto
- vinagre al gusto

Si quieres tener energía durante todo el día, esta pasta te la daría.

1. Primero pondremos el agua a hervir.
2. En cuanto rompa, añadiremos la pasta que más te guste (nosotras usamos una de verduras que se hace en 3 minutos, más rápido que el AVE).
3. Una vez lista, la pondremos en un bol donde ya habremos dispuesto los demás ingredientes.
4. Por último, mezclaremos y aliñaremos.

AL QUE LE PONGAS ESTA PASTA LE VA A COSTAR DECIR «¡BASTA!».

PISTO AL MICROONDAS

⧖ **TIEMPO:** MÍNIMO

⧉ **DIFICULTAD:** FICTICIA

👤 2 PERSONAS

INGREDIENTES

- 1 berenjena
- 1 calabacín
- 1 pimiento rojo
- 1 pimiento verde
- 1 cebolla
- 100 g de tomate frito
- aceite de oliva al gusto
- sal al gusto
- 2 huevos

Si buscas un plato sencillo y que no tengas que hacer prácticamente nada, te presentamos este pisto al microondas, para el que solo tendrás que cortar la verdura y vigilar que no se te queme, claro, si no, estamos apañaos.

1. Primero lavaremos y cortaremos todas las verduras en cuadraditos.
2. Las llevaremos a un recipiente apto para el microondas y añadiremos un chorro de aceite, sal y tomate frito.
3. Las pasaremos al microondas a máxima potencia unos 12 minutos, pero tendremos que ir parando cada 2 o 3 minutos para removerlas.
4. Por último, añadiremos los huevos y volveremos a introducir todo al microondas otros 2 minutos.

¡COMER VERDURA ES CORDURA!

El que escucha nuestro consejo llegará lejos:

- Te aconsejamos que tapes las verduras con un plato, ya que corres el riesgo de que te salPIQUE todo el microondas, y menuda pereza limpiarlo luego.
- Pincha la yema del huevo varias veces para que no explote porque, si no, imagínate... menuda liada.

HUEVOS RELLENOS

⏳ TIEMPO: *MU* POQUITO

🧩 DIFICULTAD: TRANQUILO, ESTO ES LO MÁS FÁCIL DEL MUNDO

👤 4 PERSONAS

INGREDIENTES

- 8 huevos
- 1 lata de pimiento morrón (100 g)
- 75 g de aceitunas (sin hueso, no queremos sustos)
- 75 g de aceitunas negras (sin hueso, seguimos sin querer tener sustos)
- 3 latas de atún
- 400 ml de mayonesa

Si te gustan los huevos, hay varias formas de comérselos. A nosotros nos gustan así. ¡Ay, pillín, qué mal pensado que eres!

1. Primero pondremos los huevos en una olla a hervir unos 20 minutos hasta que estén duros.
2. Los pelaremos y los cortaremos por la mitad.
3. Separaremos las yemas.
4. En un bol mezclaremos el atún, las aceitunas verdes SIN HUESO (si no quieres quedarte sin muelas, no te saltes este consejo) cortaditas, la mayonesa y la mitad de las yemas, todo esto bien *rebujao*.
5. Rellenaremos los huevos con la mezcla de antes.
6. Por último, decoraremos bonito, no me seas soso. Nosotras hemos puesto el pimiento morrón, las olivas negras (SIN HUESO, por favor) y el resto de las yemas desmenuzadas por arriba.

SI EN TU VIDA TE FALTAN HUEVOS, AQUÍ TIENES UNOS CUANTOS.

El que escucha nuestro consejo llegará lejos:

- Primero pon los huevos y después el agua. ¿Que por qué? Porque si lo hacemos al revés corremos el riesgo de que al introducirlos en el agua vayan al fondo y se casquen.
- Cuando estén duros, tiraremos esa agua y los dejaremos en agua fría una media hora, que enfríen bien (de esta manera se pelarán solos).
- Para que aguanten en la fuente de servir y no se muevan, cortaremos un poquito el «culo» del huevo. Pero, OJO, eso no se tira, lo mezclaremos con todo lo demás.

PECHUGA RELLENA DE JAMÓN, QUESO Y PIMIENTOS

⏳ **TIEMPO:** CASI *NA*

🧩 **DIFICULTAD:** INEXISTENTE

👤 4 PERSONAS

INGREDIENTES

- 3 pechugas fileteadas
- 150 g de queso en lonchas
- 150 g de jamón en lonchas
- 6 pimientos verdes en tiras
- aceite de oliva al gusto
- pan rallado para rebozar
- harina para rebozar
- 2 huevos
- sal y pimienta al gusto

Te presentamos la que va a ser tu cena hoy. Nadie se puede resistir a unas buenas pechugas, ¿verdad que no?

1. Primero salpimentaremos las pechugas.
2. Cogeremos un filetazo y lo cubriremos con jamón, queso y pimiento (este último previamente frito).
3. Pondremos otro filetazo encima y lo pasaremos por harina, huevo y pan rallado (que queden más *empanaos* que un niño en una juguetería).
4. Por último, los llevaremos a la sartén con el aceite caliente, hasta que adquieran un morenito sabrosón.

Y YA SABES... LLENA EL VIENTRE, PERO ¡NO TANTO QUE REVIENTES!

El que escucha nuestro consejo llegará lejos:

- Puedes sustituir el pan rallado por panko o cereales triturados sin azúcar, que le dan un punto supercrujiente.

TORTILLA DE ESPINACAS, AJOS Y PIÑONES

⏳ **TIEMPO:** POQUITO POQUITO

🧩 **DIFICULTAD:** MÁS FÁCIL QUE LA TABLA DEL UNO

👤 4 PERSONAS

INGREDIENTES

- 300 g de espinacas
- 3 dientes de ajo
- 4 huevos
- 50 g de piñones
- sal al gusto
- aceite de oliva al gusto

Si no te gustan las espinacas es porque nunca las has probado así, o directamente nunca las has probado antes, no nos engañes, granujilla.

1. Primero pondremos a hervir las espinacas (unos 10 minutos).
2. Las escurriremos muy bien (porque, si no, la tortilla quedará más aguada que el Titanic).
3. En una sartén freiremos los ajitos cortaditos pequeños y cuando se hayan hecho añadiremos las espinacas escurridas.
4. En un bol batiremos los huevos y agregaremos los piñones, las espinacas con los ajitos (no te los olvides, ¿eh?, que es lo que le da el toque delicioso a este plato) y la sal.
5. Por último, haremos la tortilla en una sartén como siempre, a fuego bajito, hasta que tenga el punto que te guste.

¡¡¡MÁS VALE TORTILLA DURA QUE HAMBRE PURA!!!

TORTILLA DE PATATAS, PIMIENTOS Y CEBOLLA

⏳ **TIEMPO:** UN RATITITO

🧩 **DIFICULTAD:** PARECE MUY DIFÍCIL, PERO LA REALIDAD ES OTRA, PALABRITA

👤 6 PERSONAS

INGREDIENTES

- 5 patatas
- 1 cebolla
- 1 bolsa de pimientos de Padrón (200 g)
- 9 huevos
- sal al gusto
- aceite de oliva al gusto

Te vamos a enseñar a hacer la mejor tortilla del mundo mundial, que sí, que sí... créetelo.

1. Primero lavaremos, pelaremos y cortaremos las patatas.
2. Después las freiremos.
3. Cortaremos la cebolla en trocitos pequeñitos, pequeñitos, y la doraremos.
4. A los pimientos les quitaremos el rabito y las semillas, y los freiremos enteros. Son pimientos de Padrón, ya sabes, unos pican y otros no (esa es la gracia, ver a alguien que le toque uno potente).
5. En un bol batiremos los huevos y añadiremos las patatas, la cebolla, los pimientos y la sal.
6. Por último, haremos la tortilla como siempre; eso ya depende de si te gusta que haga pío pío o no.

UN BUEN TORTILLÓN
ENTRA DE UN TIRÓN.

El que escucha nuestro consejo llegará lejos:

- Te recomendamos hacer la tortilla a fuego bajo bajo porque, si no, se te quemará y no se hará por dentro.
- Cuando le des la vuelta, la otra cara no hace falta hacerla mucho (déjala más bien crudilla); de esta manera quedará en un punto rico.
- Puedes ir pinchando la tortilla mientras se hace para que salga el vapor y se cueza bien por dentro.

SALMÓN EN PAPILLOTE EN FREIDORA DE ARIEL

⌛ **TIEMPO:** 20 MINUTITOS DE *NA*

🧩 **DIFICULTAD:** 0 + 0 = 0

👤 2 PERSONAS

INGREDIENTES

- 300 g de salmón
- 1 pimiento verde
- ½ cebolla tierna
- ½ zanahoria
- 6 tomates cherri
- 3 rodajas de limón
- 2 ramitas de tomillo
- aceite de oliva al gusto
- pimienta y sal al gusto

Desde que probé el salmón así, no lo quiero de otra manera, palabrita.

1. Primero cortaremos el pimiento, la zanahoria y la cebolla en juliana.
2. Cortaremos los tomates cherri a la mitad y el limón, en rodajas.
3. Mientras tanto, precalentaremos la freidora a 200 °C.
4. En una hoja de aluminio le haremos la camita al salmón para que esté cómodo. De base pondremos el pimiento, la zanahoria y la cebolla con un poquito de sal, y encima colocaremos el salmón salpimentado (si no, estará más soso que tu pareja la primera vez que le presentas a tus padres) y las 2 ramitas de tomillo, los tomates cherri y el limón encima del salmón. ¡Toma pareado!
5. Acabaremos con un chorrito de aceite y cubriremos con otra hoja de aluminio del mismo tamaño y cerraremos doblando bien los bordes (que quede bien *cerraíto*).
6. Por último, lo introduciremos en la freidora de Ariel a 180 °C unos 10-12 minutos. También puedes hacerlo en el horno a 180 °C unos 15-20 minutos.

ESTE SALMÓN TE MOLARÁ MOGOLLÓN.

ENROLLADOS DE CALABACÍN CON TOMATE Y QUESO FETA

⏳ **TIEMPO:** CASI NADA

🧩 **DIFICULTAD:** CASI NADA

👤 2-3 PERSONAS

INGREDIENTES

- 2 calabacines
- 300 g de queso feta
- unas gotas de tabasco
- 2 cucharadas de tomillo
- aceite de oliva
- sal al gusto
- miel al gusto
- 3 o 4 cucharadas de tomate frito
- orégano al gusto

¡Te solucionamos la cena de esta noche en un momento con este pedazo de idea! Si ya has cenado, pues apúntatela para mañana, no me seas tiquismiquis.

1. Primero cortaremos el queso feta en dados y lo marinaremos para que adquiera un saborcito sabrosón. Le hemos puesto tomillo, un chorrito de aceite y unas gotitas de tabasco (no mucho, que es más traicionero que una ola por detrás) y a la nevera un ratito.
2. Mientras tanto, será momento de laminar el calabacín.
3. Enrollaremos cada lámina de calabacín con nuestro queso feta.
4. Las pasaremos por la plancha con un pelín de aceite hasta que estén doraditas.
5. Por último, emplataremos: con el tomate frito como base, añadiremos los calabacines rellenos de queso, un poquito de queso feta por encima, orégano y, ya, para finiquitar, les daremos un toque de miel, ¡que le queda ni que *pintao*!

ESTE ENROLLADO DE CALABACÍN LE DARÁ AL PALADAR MUCHO GUSTIRRINÍN.

GUISANTES CON GAMBAS

⏳ **TIEMPO:** CUANDO TE DES CUENTA, YA ESTÁ HECHO

🧩 **DIFICULTAD:** PARA NADA

👤 2 PERSONAS

INGREDIENTES

- 300 g de guisantes
- 200 g de gambas peladas
- 1 cebolleta
- 1 diente de ajo
- 5 cucharadas de tomate triturado
- 1 vaso de caldo de verduras
- 1 cucharada de pimentón picante o dulce
- aceite de oliva al gusto
- sal al gusto

Si te has hartado de comer siempre los guisantes con jamón, prueba esta versión (olé, qué rima). Es que ya aburren, ¿no?

1. Primero coceremos los guisantes hasta que estén tiernos.
2. En una sartén pondremos un chorrito de aceite y añadiremos las gambas, que ya llevan sal. Cuando se hayan dorado, reservaremos.
3. En ese aceite pondremos la cebolleta ralladita y el ajo laminado, y lo pocharemos todo superbién.
4. Cuando estén, añadiremos el pimentón (cuidado, que se quema más rápido que un soldado en verano haciendo guardia), el tomate y la sal, y dejaremos que se sofría.
5. Cuando ya esté todo listo, incorporaremos los guisantes, lus gambas y el caldo de verduras (iremos removiendo de vez en cuando), y dejaremos que dé un hervor un ratito.
6. Por último, cuando lo veamos todo integrado, ya estará nuestro plato acabado (y, hala, otro pareado).

¡CARAMBA! ¡QUÉ RICOS ESTOS GUISANTES CON GAMBAS!

El que escucha nuestro consejo llegará lejos:

- Tanto los guisantes como las gambas pueden ser congelados, y, oye, seguro que tu bolsillo lo notará.

SALPICÓN DE PULPO

⏳ **TIEMPO:** POQUITO, DE VERDAD

🧩 **DIFICULTAD:** HOMBRE, SI TUVIÉRAMOS QUE PESCAR EL PULPO...

👤 2 PERSONAS

INGREDIENTES

- 300 g de pulpo
- ½ pimiento rojo
- 6 pepinillos
- 4 barritas de surimi
- olivas verdes y negras (SIN HUESO)
- 1 lata de mejillones
- 50 g de maíz
- aceite de oliva al gusto
- vinagre al gusto
- sal al gusto

Cuando tenemos más calor que un vigilante de las pirámides hacemos este salpicón porque es ¡fresquito, rápido y delicioso!

1. Primero cortaremos el pimiento, los pepinillos, el surimi y el pulpo (cómpralo ya cocido, es muy buena opción, porque ir a pescarlo, cocerlo... es un rollo, vamos).

2. Pondremos todos estos ingredientes en un bol y después agregaremos las olivas (esperamos que no sigas pensando que solo se llaman aceitunas), el maíz y los mejillones (te aconsejamos que tampoco vayas a las rocas a buscarlos, cómpralos directamente, mi *arma*).

3. Por último, 1 chorrito (o 2, vamos a tirar la casa por la ventana) de aceite y vinagre y un poquitito de sal. ¡Más fácil, imposible!

SI TE PIDEN MUCHO ESTE SALPICÓN,
ES PORQUE LES HA GUSTADO MOGOLLÓN.

LAS RECETAS DE MI MADRE

PICOTEO QUE TE VEO

ALMEJAS AL ESTILO DE MI PADRE QUERIDO

⏳ **TIEMPO:** MEDIA HORITA, PERO... ¿ESO QUÉ ES?

🧩 **DIFICULTAD:** NO LA HAY

👤 2 PERSONAS

INGREDIENTES

- ½ kg de almejas
- ½ cebolla
- 3 dientes de ajo
- 1 cucharada de maicena
- ½ vaso de vino blanco
- sal al gusto
- aceite de oliva al gusto
- perejil al gusto

Estas almejas se convertirán en una de tus tapas favoritas. ¿No nos crees? Lee, lee más abajo y verás.

1. En una cazuela con un pelín de agua pondremos las almejas para que se abran (si no, dime tú qué gracia tienen las almejas cerradas, menos que una partida de ajedrez por la radio).
2. Por otro lado, en una sartén con un poco de aceite pocharemos la cebolla y los ajitos.
3. Una vez listos añadiremos las almejas con la maicena diluida en un poquito de agua.
4. Pondremos sal y el ½ vaso de vino blanco.
5. Dejaremos a fuego lento todo unos 7-8 minutos.
6. Por último, espolvorearemos perejil picado y serviremos.

CON ESTAS ALMEJAS NO TENDRÁS QUEJAS.

CROQUETAS DE BACALAO

🕰 **TIEMPO:** MÍRALO POR EL LADO BUENO, PODRÍA SER MÁS

🧩 **DIFICULTAD:** POCA TIRANDO A NADA

👤 20 UNIDADES

INGREDIENTES

– 150 g de *bacalaDo desmigao desalao*

– 2 dientes de ajo

– 50 g de mantequilla

– 60 g de harina

– 300 ml de leche

– 1 huevo

– perejil al gusto

– pan rallado para rebozar

– aceite de oliva al gusto

– sal al gusto

Anímate con estas croquetas, verás qué ricas están y a todos les gustarán. A mí no me gustaban y ahora me encantan. No, no tengo a mi madre al lado, ni me está obligando a decir esto otra vez.

1. Primero picaremos los ajos finitos.

2. Pondremos a calentar la mantequilla y sofreiremos los ajitos (cuidadín, que no se quemen, los queremos doraditos como tu bronceado en verano).

3. Añadiremos el *bacalaDo desmigao*.

4. Mezclaremos bien e incorporaremos la harina (cocínala bien, si no, sabrá más a crudo que un sushi).

5. Iremos añadiendo la leche poco a poco y removiendo.

6. Cuando veas que la masa se despega de la sartén (pero no como un Boeing 747), agregaremos el perejil picado.

7. Pasaremos la masa a un recipiente para que se enfríe y después al frigo unas 3 horitas (así conseguiremos trabajar la masa sin dificultad alguna, ¡problemas fuera!).

8. Transcurrido ese tiempo, le daremos forma de croquetita (en nuestro caso, más bien croquetón, que esto se te cae en la cabeza y te reinicia el Windows. Son contundentes).

9. Por último, las pasaremos por huevo y pan rallado, y las freiremos en la sartén con abundante aceite (caliente, caliente, eo, caliente, calienta, ea), hasta que estén doraditas.

¡ESTAS CROQUETAS DE BACALAO LAS PUEDES PONER EN CUALQUIER SARAO!

El que escucha nuestro consejo llegará lejos:

• Si te sobran croquetas sin freír (cosa que dudamos), las puedes congelar, mi *arma*.

NUESTRO CREMOSO GUACAMOLE

⧗ **TIEMPO:** 10 MINUTILLOS DE *NA*

⚙ **DIFICULTAD:** CERO PATATERO

👤 2-3 PERSONAS

INGREDIENTES (PARA 3 O 4 PERSONAS)

- 1 cebolla morada pequeña o ½ grande
- 1 tomate
- 2 aguacates maduros
- 15-20 g de cilantro
- sal y pimienta al gusto
- el zumo de 1 limón
- ½ vaso de agua

Nosotras somos ultrafans del guacamole, pero en crema. Nos gusta que sea cremoso y sin grumos, como el que vamos a hacer. Pero como pa gustos, colores. También te daremos la opción de no hacerlo tan triturado.

1. Primero le quitaremos las semillas al tomate y lo pelaremos (parecemos un bebé con esta receta, pero queremos la crema más suave y fina posible).

2. En un vaso batidor añadiremos todos los ingredientes cortados pequeñitos (para que sean más fáciles de procesar: el zumo de limón, la sal, la pimienta y el agua. A nosotras nos gusta el guacamole sin grumos, ni trozos, somos así de raras...). Si a ti te gusta encontrarte los trocitos, machácalo todo manualmente.

3. Lo batiremos supersupersuperbién. (Sí, quizá somos raras...).

4. Pero, ¡OJO!, si a ti te gusta encontrarte los trozos o que no esté tan triturado, hazlo todo manualmente (¡pobre brazo!) y omite el paso de pelar y quitar las semillas al tomate y de añadir el agua.

5. Por último, serviremos con unos nachos y ¡ea, a disfrutar!

CON ESTE GUACAMOLE TE VAN A DAR UN... ¡OLE!

MEJILLONES EN SALSA PICANTE

⏳ **TIEMPO:** NI MUCHO
NI POCO

🧩 **DIFICULTAD:** NI MUCHA
NI POCA

👤 4-6 PERSONAS

INGREDIENTES

- 1 kg de mejillones
- 1 limón
- 1 hoja de laurel
- 1 pimiento verde
- 2 tomates rojos (claro, no van a ser azules)
- 2 dientes de ajos
- 1 cebolla
- 2 guindillas
- 3 cucharadas de salsa de tomate
- 2 cucharadas (si eres valiente ponle 3) de pimentón picante
- unas gotitas de tabasco
- ½ vaso de vino blanco
- sal al gusto
- aceite de oliva al gusto

Si eres más cobarde que un hater con móvil, esta receta no es para ti, ya que estos mejillones están hechos en una salsica potente pero rica.

6. Primero pondremos a hervir los mejillones con una hojita de laurel y el limón hasta que se abran.
7. En una sartén con un pelín de aceite (no me seas animal), sofreiremos el pimiento, la cebolla, los ajos, los tomates, las guindillas y un poquito de sal.
8. Cuando estén listas las hortalizas añadiremos el pimentón picante, la salsa de tomate y las gotitas de tabasco (madre mía, menuda bomba picante, y eso que no estamos en MÉXICO).
9. Una vez todo integrado, añadiremos el ½ vaso de vino blanco y dejaremos que se evapore el alcohol.
10. Por último, agregaremos los mejillones y dejaremos que liguen con la salsa unos 5 minutitos.

SI TE GUSTA EL PICANTE,
HAZTE ESTOS MEJILLONES Y «PA'LANTE».

BOQUERONES FRITOS AL LIMÓN

⧖ TIEMPO: A PARTIR DE LAS 2 HORAS *MU* RÁPIDO

⚙ DIFICULTAD: SOLO LA PREPARACIÓN DEL BOQUERÓN, QUE ES UNA MIAJA ENTRETENIDA

⧖ 2 PERSONAS

INGREDIENTES

- 300 g de boquerones
- 1 limón
- ajo en polvo (al gusto y opcional)
- sal al gusto
- harina para rebozar
- aceite de oliva al gusto

Si a tus amigos y a tu familia quieres sorprender, estos boquerones tienes que hacer.

Vamos por partes, como decía Jack el Destripador.

1. Primero quitaremos la cabeza, la tripa y las espinas a los boquerones, y los lavaremos muuuy bien (tienen que quedar abiertos). La colita se les deja, ¿eh?, con lo que nos gustan las colitas.
2. Los pondremos en una bandeja, añadiremos el zumo de limón, la sal y el ajo en polvo.
3. Tendremos que dejar macerar en la nevera mínimo 2 horitas.
4. Pasado el tiempo, rebozaremos los boquerones en harina.
5. Por último, en aceite caliente los freiremos hasta que estén doraditos.

ESTOS BOQUERONES FRITOS AL LIMÓN
TE GUSTARÁN MOGOLLÓN, BRIBÓN.

El que escucha nuestro consejo llegará lejos:

- Te aconsejamos que los reboces en harina de GARBANZO, ya que aguanta superbién las altas temperaturas, aporta jugosidad y potencia el sabor.

NUESTRO HUMUS

⧗ **TIEMPO:** 10 MINUTITOS

⧉ **DIFICULTAD:** FACILÍSIMO

👤 2 PERSONAS

INGREDIENTES

- 400 g de garbanzos cocidos
- 2 dientes de ajo
- 2 cucharadas de comino molido
- el zumo de 1 limón
- 1 cucharada de tahini
- sal al gusto
- 6 cucharadas de aceite de oliva
- 60 g de cubitos de hielo
- 1 cucharada de pimentón

Si eres fan del humus, ¡te recomendamos que pruebes nuestra receta! Y si no lo eres, pues pruébalo también, mi arma, que eres peor que un niño chico. ¡Abre la mente!

1. En el vaso de la batidora añadiremos los garbanzos (que sean cocidos, alma de cántaro), los ajitos (si no te gusta que repita más que los anuncios en la tele, retírale el germen), el comino, la sal, el zumo de limón, el tahini y el aceite.
2. Batiremos hasta obtener una mezcla homogénea.
3. Ahora será el momento de añadir el hielo para aportar cremosidad y volveremos a batir.
4. Por último, serviremos con un chorrito de aceite y pimentón.

¡ESTE HUMUS ES TAN SABROSO QUE SE HARÁ FAMOSO!

El que escucha nuestro consejo llegará lejos:

- El hielo aporta un punto de cremosidad que nos gusta mucho, pero si tú crees que te quedarás sin batidora al triturarlo... no te compliques, ¿eh?, no nos seas de tu pueblo, que también puedes utilizar 60 ml de agua fría, dependiendo de la consistencia deseada.

QUESO PROVOLONE AL HORNO CON TOMATE Y ORÉGANO

⧖ **TIEMPO:** NO VAS A TARDAR CASI *NA*, ¡TRANQUILO!

⚃ **DIFICULTAD:** DE NUEVO LO HACE TODO EL HORNO

👤 2 PERSONAS

INGREDIENTES

- 1 provolone
- salsa de tomate o tomate frito al gusto
- orégano al gusto

No sabemos a ciencia cierta si alguna vez has probado el provolone con tomate... ¿Que no? ¡Eso tendría que ser delito! Atento, anda...

1. Primero precalentaremos el horno a 200 °C.
2. En una cazuela de barro echaremos un poquito de salsa de tomate (a ojo, pero ¿qué ojo?, pues el tuyo, mi *arma*). También puede ser tomate frito.
3. Encima pondremos el queso provolone.
4. Espolvorearemos el orégano, pero le puedes poner las especias que más te gusten, nadie se puede meter ahí.
5. Por último, al horno a 180 °C hasta que el queso se funda y tenga ese colorcito doradito que tanto nos gusta.

¡NO NECESITAS PONER NADA DE ADORNO A ESTE PROVOLONE AL HORNO!

El que escucha nuestro consejo llegará lejos:

- Para acompañar este pedazo de queso te aconsejamos que tuestes unas rebanadas de pan, aunque, si eres vago y te mueves menos que una bici estática, utiliza las típicas tostadas que ya vienen preparadas.

SNACK DE CALABACÍN AL MICROONDAS CON SALSA SALUDABLE

⌛ **TIEMPO:** NO TE DA TIEMPO NI A CONTARLO

⚙ **DIFICULTAD:** YA NOS CONOCES, NO HAY DIFICULTAD QUE VALGA

👤 UNAS 50 RODAJAS

INGREDIENTES

PARA EL SNACK

- 1 calabacín
- sal y pimienta al gusto
- aceite de oliva al gusto

PARA LA SALSA SALUDABLE

- 2 yogures griegos
- el zumo de ½ limón
- 1 cucharada de orégano
- 1 cucharada de ajo en polvo
- sal y pimienta al gusto
- 1 cucharada de aceite de oliva

¿Te apetece picar algo? ¿Y qué nos dices si te contamos que este snack de calabacín y esta salsa son saludables y se hacen sin encender siquiera el horno? Que sí que sí, como lo lees. Al lío, ¡ea!

1. Primero cortaremos el calabacín con una mandolina (ten cuidado porque nos hemos enterado por ahí que a este cacharro le gusta mucho rebanar dedos).
2. Ahora pondremos las rebanadas de calabacín encima del plato del microondas que, de base, lleva papel vegetal (si no, se te quedarán más pegados que los kilos en Navidad).
3. Por encima rociaremos un chorrito de aceite y salpimentaremos.
4. Al microondas a máxima potencia unos 3 o 4 minutos o hasta que estén en su punto (ten cuidado, porque se queman demasiado rápido).
5. Mientras tanto (y te voy a dar una buena noticia, es lo último que haremos), prepararemos la salsita: en un bol pondremos el yogur griego, el zumo de limón, el orégano, el ajo en polvo, sal y pimienta al gusto y, por último, una cucharada de aceite, y mezclaremos.

ESTA RECETA SEGURO QUE ENTRA EN TU DIETA.

LAS RECETAS DE MI MADRE

¡CÓMO TE GUSTAN LOS POSTRES CON POCOS INGREDIENTES, GRANUJA!

BIZCOCHO GENOVÉS
(3 INGREDIENTES)

⏳ **TIEMPO:** UN *RATEJO*

🧩 **DIFICULTAD:** UNO SOBRE DIEZ

👤 4-5 PERSONAS

INGREDIENTES

- 4 huevos
- 120 g de azúcar
- 120 g de harina
- la ralladura de 1 limón (opcional)
- una nuez de mantequilla

NO PUEDES SENTIRTE TRISTE MIENTRAS TE COMES UN BIZCOCHO.

Este es el bizcocho más socorrido cuando tenemos visita. Es muy simple de hacer y, además, lo puedes rellenar de lo que más te guste. ¡¡¡Todo le queda bien al jodío!!!

1. Primero precalentaremos el horno a 180 °C.
2. Separaremos las yemas de las claras.
3. Montaremos las claras a punto de nieve (el punto perfecto es cuando les des la vuelta y no se caigan). Como siempre decimos, asegúrate si no quieres acabar como Copito de Nieve.
4. Agregaremos el azúcar a las yemas, batiremos hasta que blanqueen (este será el punto perfecto para añadir un poco de ralladura de limón —¡No te enfades, granuja! Es opcional y siguen siendo 3 ingredientes) y, cuando estén listas, iremos añadiendo la harina tamizada poco a poco.
5. Incorporaremos las claras también con mucha suavidad y movimientos envolventes a la mezcla de las yemas para que así pierda el mínimo de aire.
6. Llevaremos la mezcla al molde, que estará engrasado con un poco de mantequilla y harina (también puedes poner papel vegetal).
7. Hornearemos a 180 °C 30 minutos o hasta que el palito salga limpio (calor arriba y abajo).
8. Dejaremos enfriar para poder desmoldarlo y cortarlo.

El que escucha nuestro consejo llegará lejos:

- Una vez que está listo, cortamos el bizcocho por la mitad y lo rellenamos de lo que más nos apetezca ese día, por ejemplo: chocolate, dulce de leche, crema de cacao y avellanas, nata, café... Más que nada porque es un bizcocho más bien sencillo y así potenciamos su sabor.

CREPS
(2 INGREDIENTES)

⧗ TIEMPO: UN ABRIR Y CERRAR DE OJOS

✦ DIFICULTAD: ¿BROMEAS? CUALQUIERA PUEDE HACERLO

△ 6 UNIDADES

INGREDIENTES

- 90 g de harina
- 140 ml de leche

¿Quién dice que no a unas creps? Y si son con 2 ingredientes, menos aún, ¿verdad? Pues vamos allá. Let's go!

1. En un recipiente introduciremos la harina y la leche.
2. Lo batiremos en la batidora con la misma energía que tenemos los viernes.
3. En una sartén antiadherente (si no, se quedarán más pegadas que las sábanas los lunes) pondremos la masa de forma que ocupe todo el fondo de la sartén.
4. Cuando veamos que salen burbujitas les daremos la vuelta, nada, en 2 o 3 minutos las tendremos.
5. Por último, las rellenaremos de lo que más nos guste (esto es opcional y a vuestra elección, vía libre).

NO PUEDES COMPRAR LA FELICIDAD, PERO PUEDES HACERTE UNAS CREPS, QUE ES CASI LO MISMO.

El que escucha nuestro consejo llegará lejos:

- No hace falta ponerle ningún tipo de endulzante, puesto que a las creps normalmente se les añaden *toppings*.
- Nosotras te recomendamos:
  - sirope de agave
  - miel
  - crema de cacao y avellanas
  - fruta
  - nata
  - helado
  - chocolate
- Si no tienes una sartén antiadherente, puedes poner 1 gotita de aceite para que no se peguen.

GALLETAS DE MANTEQUILLA
(3 INGREDIENTES)

⧗ **TIEMPO:** TRANQUILO, CASI TODO LO HACE EL HORNO

⚙ **DIFICULTAD:** SIGUE TRANQUILO PORQUE CASI TODITO LO HACE EL HORNO

👤 UNAS 20 UNIDADES

INGREDIENTES

- 125 g de mantequilla
- 50 g de azúcar
- 170 g de harina

¡CON ESTAS GALLETAS DEJARÁS A TODOS CON LA BOCA ABIERTA!

Si te quieres comer unas buenas galletas, no esperes más y apúntate esta receta; sabemos que te van a gustar, pillín.

1. Precalentaremos el horno a 180 °C durante unos 10 o 15 minutos.
2. En un bol pondremos el azúcar, la mantequilla a temperatura ambiente y la harina tamizada (para que no queden grumitos).
3. Amasaremos hasta que consigamos una masa que no se quede pegada a las manos (ten cuidado porque a veces las masas como que te atrapan, pero tú insiste).
4. Le pasaremos el rodillo y con un cortador haremos formas de galletita.
5. Colócalas en una bandeja del horno con papel vegetal y las haces unos 13 o 15 minutos a 180 °C.
6. Pero ¡impacienteee! Déjalas enfriar antes de zampártelas... ¡Si es que...!

El que escucha nuestro consejo llegará lejos:

- Déjalas blanquitas porque esta masa se endurece fuera del horno.

HELADO SALUDABLE DE ARÁNDANOS
(3 INGREDIENTES)

⏳ **TIEMPO:** ¿QUÉ SON 10 MINUTITOS PARA TI?

🧩 **DIFICULTAD:** TIENE MÁS DIFICULTAD COMPRARLOS QUE HACERLOS, CON ESO TE LO DECIMOS TODO

👤 5-6 UNIDADES

INGREDIENTES

- ½ l de yogur griego
- 4 cucharadas de endulzante (en nuestro caso, stevia)
- 200 g de arándanos

Si nunca has probado el helado de arándanos, el universo te está mandando una señal para que lo hagas de una vez por todas. ¿Lo aceptas ya o no?

1. En un bol batiremos el yogur con el endulzante.
2. Lavaremos muy bien los arándanos y los trituraremos.
3. Los añadiremos a la mezcla anterior y vooolveremos a batir.
4. Por último, llevaremos el resultado a unos moldes para helados, pondremos el palito y congelaremos (porque ya sabemos que nos gustan duritos, los helados).

¡CON ESTE HELADO TE QUEDARÁS FLIPADO!

El que escucha nuestro consejo llegará lejos:

- Si no tienes moldes de helado... pues los compras, mi alma, que son muy baratos, PEEERO si, aun así, pues no tienes en ese momento o no te apetece salir puedes:
1) Recortar un lateral del cartón de la leche, añadir la mezcla y los palitos y, una vez congelada, vas cortando para que te queden individuales.
2) Utilizar un vaso de plástico o directamente llevar la mezcla a un táper y, una vez congelada, sacas bolitas, y así no te complicas. ¡DE NADA!

MOUSSE DE CHOCOLATE SALUDABLE
(2 INGREDIENTES)

⏳ **TIEMPO:** CORTO

🧩 **DIFICULTAD:** NO HAY

👤 2 COPAS

INGREDIENTES

- 60 g de claras de huevo pasterizadas
- 60 g de chocolate (el que más te guste: con leche, blanco, negro...)

Esta receta es tan fácil que parece irreal, pero te aseguramos que queda de looocos.

1. Primero montaremos las claras a punto de nieve con unas varillas.
2. Luego derretiremos el chocolate.
3. Lo añadiremos a las claras y mezclaremos con movimientos envolventes para evitar que se bajen las claras.
4. Por último, lo serviremos en unas copas, o lo que prefieras, no nos vamos a poner tiquismiquis.

DICEN QUE EL CHOCOLATE ES EL SUSTITUTO DEL SEXO... NOSOTRAS NO DECIMOS «NA»...

MOUSSE DE MANGO SALUDABLE (4 INGREDIENTES)

⧗ **TIEMPO:** TARDAMOS POQUITO POQUITO

⚙ **DIFICULTAD:** ENGAÑOSA... PARECE MUCHO, Y EN REALIDAD ES LO MÁS FÁCIL DEL MUNDO

👤 3-4 PERSONAS

INGREDIENTES

- 1 mango
- 2 láminas de gelatina
- 200 ml de nata para montar
- 50 g de stevia

Cada vez que hacemos este postre nos piden la receta, y no es para menos, porque queda buenísimo, las cosas como son.

1. Primero pondremos a hidratar las láminas de gelatina en un poco de agua (como un dedo).

2. Lavaremos, pelaremos, cortaremos y trituraremos el mango con un pelín de agua (así ayudaremos a la batidora, ya sabes que el mango es un poco... duro de pelar).

3. Por otro lado, montaremos la nata con un poco de endulzante (puedes usar azúcar, stevia...). El punto perfecto será cuando le demos la vuelta y no se caiga (así que asegúrate antes de darle la vuelta, si no... ya ves, menuda gracia).

4. Una vez hidratada la gelatina, la pasaremos por el microondas, nada, 15 segundos para que quede líquida. Luego la añadiremos al mango triturado.

5. Ahora será el momento de incorporar la nata montada a la mezcla con movimientos envolventes.

6. Por último, llevaremos nuestra deliciosa mousse a unos vasitos o moldes y a la nevera un ratito para que quede bien fresquita y rica.

SIN POSTRE ES COMO LLEVAR UN TRAJE SIN CORBATA.

El que escucha nuestro consejo llegará lejos:

- La nata, para que monte, tiene que estar bien fría y tener un mínimo de 35 por ciento de materia grasa. Para ayudar a que monte más rápido puedes poner el bol y las varillas en el congelador un ratito antes de batir.

POSTRE
CON 3 INGREDIENTES

⏳ **TIEMPO:** *2 MIJITAS*

🧩 **DIFICULTAD:** BAJÍSIMA
(POR LOS SUELOS, VAMOS)

👤 2-3 PERSONAS

INGREDIENTES

- 2 plátanos maduros
- 4 cucharadas de crema de cacao y avellanas
- 2 cucharadas de cacao puro sin azúcar

¿Sabías que este postre se hace con solo 3 ingredientes? Sí, sí, como lo lees, ni trampa ni cartón. Esto es más sencillo que las instrucciones de un champú.

1. Primero precalentaremos el horno a 180 °C.
2. Machacaremos los plátanos hasta que quede un puré como el de los bebés.
3. Añadiremos la crema de cacao y avellanas, y mezclaremos.
4. Seguiremos añadiendo el cacao puro sin azúcar (para mantener la línea, siempre diva, nunca indiva) y volveremos a mezclar.
5. Lo llevaremos a un molde apto para el horno y hornearemos unos 12 minutos a 180 °C, calor arriba y abajo.
6. Por último, dejaremos enfriar, no me seas impaciente...

LA VIDA ES CORTA...
CÓMETE EL POSTRE PRIMERO.

GALLETAS DE PLÁTANO Y COCO
(3 INGREDIENTES)

⏳ **TIEMPO:** 15 MINUTOS

🧩 **DIFICULTAD:** IMAGINARIA

👤 UNAS 8 UNIDADES

INGREDIENTES

- 1 plátano
- 80 g de coco rallado
- chocolate negro (mínimo 80 por ciento de cacao)

Estas galletas son ideales para cuando tienes mono, pero no tienes tiempo ni ganas y, además, no te quieres saltar la dieta. Vamos, que son perfectas pa to, ¡unas galletitas todo terreno!

1. Primero machacaremos un plátano como si fuese la factura de la luz (no hace falta que sea con máquina, puedes hacerlo a mano).
2. Después añadiremos el coco rallado y mezclaremos.
3. Haremos bolitas o (ya sabéis que nos encanta complicarnos la vida) cortaremos cada galleta con un cortador para que tengan formita, en este caso, de corazón (queríamos hacerles la pelota a nuestros mariditos).
4. Para la freidora de Ariel a 170 °C necesitarás unos 6 o 7 minutos; en el horno a 180 °C unos 10 o 12 minutos.
5. Pasado ese tiempo las bañaremos en chocolate negro y, opcional, les hemos puesto un poquito más de coco rallado por encima, pero vaya, es puro postureo.

¡ESTAS GALLETAS SON PERFECTAS!

TARTA DE QUESO Y CACAHUETE
(4 INGREDIENTES)

⏳ **TIEMPO:** UN ABRIR Y CERRAR DE OJOS

🧩 **DIFICULTAD:** TODOS LOS NEGADOS PUEDEN HACER ESTA RECETA

👤 4 PERSONAS

INGREDIENTES

- 300 g de queso crema
- 3 huevos
- 180 g de azúcar
- 150 g de crema de cacahuete

Si buscas una tarta de queso con un toque a cacahuete, este es tu postre, te va a gustar más que comer con los dedos... ¿No te lo crees? Uy, uy, ¡pues atento!

1. Precalentaremos el horno a 180 °C.
2. En un bol batiremos el queso crema.
3. Una vez que esté blandito, añadiremos los huevos de uno en uno y seguiremos batiendo.
4. Ahora será el momento de incorporar el azúcar y volveremos a batir (me repito más que un borracho).
5. Y como último ingrediente, pero no por ello menos importante (si no, no se llamaría tarta de queso con cacahuete), añadiremos la crema de cacahuete.
6. Llevaremos la mezcla al molde y para el horno a 180 °C lo mantendremos unos 35 minutos o hasta que metas un palito y salga limpio.
7. Por último, la dejaremos enfriar en la nevera unas horitas para que quede *to buenorra*.

¡NO SEAS TRAVIESO Y PREPARA ESTA TARTA DE QUESO!

El que escucha nuestro consejo llegará lejos:

- Puedes cambiar el endulzante en TODAS las recetas dulces por eritritol, stevia, miel, sirope de agave, azúcar moreno, etc.

«TRUFAS» DE GALLETA
(2 INGREDIENTES)

⌛ **TIEMPO:** EL QUE TARDAS TÚ EN VER PASAR UNA ESTRELLA FUGAZ

🧩 **DIFICULTAD:** ESTO ESTÁ *CHUPAO*

👤 UNAS 10 UNIDADES

INGREDIENTES

- ½ paquete de galletas Lotus
- 3 o 4 cucharadas de queso crema

Estas trufas son las más raras y ricas que vas a probar nunca, ya que no son las típicas que van recubiertas de fideos de chocolate. Además, se hacen con tan solo dos ingredientes. ¿Qué mas quieres, por Dios?

1. Primero picaremos las galletas.
2. Añadiremos el queso crema y mezclaremos.
3. Haremos las bolitas (si es que vas a ver que esta receta es más fácil que saltarse la dieta en Navidad).
4. Las pasaremos por más galletas trituradas.
5. Por último, a la nevera un ratito.

¿UNA TRUFA EN CADA MANO NO CUENTA COMO DIETA EQUILIBRADA?

NARANJA CON CHOCOLATE
(2 INGREDIENTES)

⏳ **TIEMPO:** UN POQUITO, *PA* QUÉ MENTIR

🧩 **DIFICULTAD:** ESO, AQUÍ, NO EXISTE

👤 3-4 PERSONAS

INGREDIENTES

- 2 o 3 naranjas
- 100 g de chocolate negro

Este postre lo hacemos mucho en Navidad porque es delicado, sencillo y no llena mucho. Después de una pedazo cena copiosa (no sé en tu casa, pero en la mía acabas con el pantalón desabrochado), apetecen cosas ligeritas.

1. Primero precalentaremos el horno a 180 °C.
2. Cortaremos las naranjas en rodajas más bien finitas.
3. A continuación, las llevaremos al horno a 180 °C hasta que estén secas. No me seas bruto y ve dándoles la vuelta para que no se quemen.
4. Derretiremos el chocolate negro al microondas en intervalos de 30 segundos o al baño maría (de esta forma, si eres un negado en la cocina, te aseguras de que no se te queme).
5. Por último, una vez que la naranja esté seca, bañaremos media parte en el chocolate negro. Puedes añadir el chocolate que quieras, pero ya sabes que la mejor combinación es la de naranja con chocolate negro, y eso no se discute.

ESTAS NARANJAS CON CHOCOLATE LIGAN MÁS QUE TÚ CON TU PAREJA.

El que escucha nuestro consejo llegará lejos:

- Opcionalmente puedes ponerle unas escamas de sal por encima que... ¡palabrita, queda espectacular!
- Hay gente que las pasa por almíbar, pero las que te presentamos aquí son más sanotas y, encima, nos ahorramos el azúcar, y todo lo que sea ahorrar, mejor, ¿no?

PALMERITAS DE HOJALDRE
(3 INGREDIENTES)

⧗ **TIEMPO:** *NA Y MENOS*

🧩 **DIFICULTAD:** ES POCO PROBABLE QUE TENGAS DIFICULTAD CON ESTO

👤 3-4 PERSONAS

INGREDIENTES

- 1 placa de hojaldre rectangular
- azúcar al gusto
- 1 huevo

Si supieras lo fácil que es hacer palmeritas en casa, ¡probablemente no las volverías a comprar!

1. Primero precalentaremos el horno a 180 °C.
2. En la mesa de trabajo espolvorearemos azúcar.
3. Pondremos la placa de hojaldre encima y añadiremos más *asuuúcar.*
4. Pasaremos un rodillo para que el azúcar se quede más pegado que un pantalón pitillo.
5. Haremos un pequeño corte (que no sea profundo, no nos seas bruto) a mitad del hojaldre para guiarnos.
6. Enrollaremos una mitad hasta el centro (es decir, hasta donde hicimos el corte de referencia) y después el otro lado también hasta la mitad del hojaldre.
7. Una vez formado el enrollado, lo cortaremos en trozos de aproximadamente 1 dedo de grosor (tampoco te nos pongas a medir con el dedo, que te conocemos).
8. Cuando tengamos nuestras palmeritas, pintaremos con huevito y al horno a 180 °C calor arriba y abajo unos 12-15 minutos o hasta que estén doraditas.

SI TIENES HAMBRE, NO TE AMARGUES ¡Y PREPARA ESTAS PALMERITAS DE HOJALDRE!

El que escucha nuestro consejo llegará lejos:
- Para darles un toquecito puedes bañarlas en chocolate con leche, blanco o negro; tú eliges.

LAS RECETAS DE MI MADRE

SEGUIMOS CON DULCE, QUE SABEMOS QUE ERES UN GOLOSITO

BIZCOCHO A LA TAZA

⌛ **TIEMPO:** UN SUSPIRO

🧩 **DIFICULTAD:** HASTA UN
NIÑO PUEDE HACER ESTO

👤 1 PERSONA

INGREDIENTES

- 1 huevo

- 1 cucharada de aceite de oliva

- 2 cucharadas de leche

- 1 cucharada de cacao puro

- 1 cucharada de levadura
  química

- 2 cucharadas de harina

- unas chispas de chocolate

*Si te apetece algo dulce, pero te da más pereza que quitar
la decoración de Navidad, esta es tu receta: un bizcocho
al microondas que se hace en 2 o 3 minutos.*

1. En una taza pondremos 1 huevo y batiremos.

2. Añadiremos el aceite y la leche.

3. Ahora le tocará el turno a los ingredientes secos, es decir, el
   cacao, la levadura y la harina.

4. Mezclaremos bien y para finalizar añadiremos unas chispas
   de chocolate por encima para que quede más mono.

5. Al microondas a máxima potencia unos 2 o 3 minutillos y...
   finito!

CON ESTO Y UN BIZCOCHO,
NOS VEMOS EN LA PÁGINA OCHO.

EL CLÁSICO BIZCOCHO DE YOGUR 1-2-3

⏳ **TIEMPO:** NI MUCHO NI POCO

🧩 **DIFICULTAD:** CERO COMPLICACIONES

👤 4-6 PERSONAS

INGREDIENTES

- 1 yogur de limón
- 1 medida de aceite de oliva
- 2 medidas de azúcar
- 3 medidas de harina
- 3 huevos
- la ralladura de 1 limón

Este es el clásico bizcocho que cualquier persona tiene que saber cocinar. Lo llamamos bizcocho 1-2-3, y ahora sabrás por qué. ¿Estás ready?

1. Precalentaremos el horno a 200 °C.
2. En un bol añadiremos 1 yogur de limón y esa medida la tomaremos para hacer el bizcocho, es decir, 1 medida de aceite, 2 medidas de azúcar y 3 medidas de harina (por eso se llama el bizcocho 1-2-3).
3. Agregaremos los huevos y la ralladura de limón (que le da un toque muy gustooooso).
4. Mezclaremos bien y llevaremos a un molde previamente engrasado o con papel vegetal.
5. Lo horneamos a 180 °C unos 35-40 minutos, calor arriba y abajo.
6. Por último, dejaremos enfriar, y esto queda más bueno que tu ex.

¡SI COMER BIZCOCHO ESTÁ MAL, NO QUIERO ESTAR BIEN!

El que escucha nuestros consejos llegará lejos:

Tranquilo, que no se nos olvida decirte la medida del molde (estamos en todo):
· 24 cm de largo ✕ 11 cm de ancho ✕ 6 cm de fondo

GALLETA XXL
2 MINUTOS AL MICROONDAS

TIEMPO: TE QUITA 5 MINUTITOS DE VIDA, ESO NO ES *NA*

DIFICULTAD: ES IMPOSIBLE QUE HAYA DIFICULTAD

1 PERSONA

INGREDIENTES

- 1 huevo
- 3 cucharadas de harina de almendras
- 2 cucharadas de stevia
- 3 cucharadas de crema de cacahuete
- unas chispas de chocolate
- aceite de oliva al gusto

Nunca imaginarías que hacer una galleta fuese tan fácil y rápido, ¿verdad? Si es que cualquiera puede hacer esto, hasta el más negado, palabrita. Si esto no te sale, me bajo del mundo.

1. En un bol pondremos todos los ingredientes y batiremos.
2. Le daremos forma de galleta sobre un plato engrasado con aceite.
3. Decoraremos con unas chispas de chocolate y para el microondas 2 minutitos.
4. Por último, dejaremos enfriar para que la maxigalleta se ponga durita (no me seas ansioso).

CON ESTA GALLETA
NO TE SALTARÁS MUCHO LA DICHOSA DIETA.

DÓNUTS ALMENDRADOS
AL MICROONDAS

⌛ **TIEMPO:** *NA* Y MENOS

🧩 **DIFICULTAD:** NO HAY DIFICULTAD QUE VALGA

👤 6 UNIDADES

INGREDIENTES

- 2 huevos
- 60 g de azúcar
- 1 yogur griego
- 1 cucharada de esencia de vainilla
- 2 cucharadas de levadura química
- 120 g de harina de trigo
- 100 g de chocolate (el que más te guste)
- 1 *puñaíto* de almendras trituradas

Si buscas algo sin complicaciones, rápido y fácil para merendar, esta es tu receta. Estos dónuts almendrados se hacen en 10 o 15 minutos y quedan increíbles, palabrita del niño Jesús.

1. En un bol pondremos los huevos y el azúcar.
2. Mezclaremos y añadiremos el yogur y la esencia de vainilla.
3. Volveremos a mezclar y, por último, pero no por eso menos importante, agregaremos la levadura química y la harina tamizadas.
4. Seguiremos mezclando y mezclando (nos repetimos más que los capítulos de *Los Simpsons*), y después pasaremos la mezcla a unos moldes de dónuts.
5. Los llevaremos al microondas a máxima potencia unos 2 minutos y medio o 3 minutos (dependiendo de cada microondas, así que mejor ve controlando).
6. Cuando salgan puede ser que te queden más feos que una nevera por detrás, pero, tranquilo, recorta lo sobrante y quedan perfectos.
7. Los bañaremos en chocolate y almendras trituradas.
8. Por último, a la nevera para que endurezcan.

YYY...
¡CÓMETE EL DÓNUT,
CÓMETE EL DÓNUT!

El que escucha nuestro consejo llegará lejos:

- Pero ¿qué levadura es esa?
- La levadura química también la puedes encontrar como polvos de hornear, levadura en polvo... En cualquier súper la tienen.
- Para bañar los dónuts te recomendamos que derritas el chocolate, piques las almendras, lo mezcles todo y viertas la mezcla en un plato. Solo tendrás que coger el dónut y pasarlo por el plato (así es mucho más sencillo).

TARTA DE QUESO
EN MINUTO Y MEDIO AL MICROONDAS

⧗ **TIEMPO:** NO NOS DIO TIEMPO NI A CALCULARLO

✄ **DIFICULTAD:** MÁS FÁCIL QUE ENGORDAR EN VERANO

👤 1 PERSONA

INGREDIENTES

- 1 huevo
- 4 cucharadas de queso crema (queso Philadelphia, mascarpone)
- 2 cucharadas de stevia
- 1 cucharada de esencia de vainilla
- mermelada de fresa
- fresas

Esta es la tarta de queso más fácil y rápida del mundo, ¡en tan solo minuto y medio la tendrás lista! Ideal para calmar ese dichoso mono de dulce en un santiamén.

1. En una taza batiremos el huevo.
2. Añadiremos el queso crema con el endulzante y la esencia de vainilla.
3. Volveremos a mezclar y lo llevaremos al microondas a máxima potencia (en nuestro caso, minuto y medio, pero mejor ve controlando, porque nuestro microondas está un poco *truski*, y quizá en el tuyo se haga antes y todo).
4. Dejaremos enfriar y desmoldaremos.
5. Por último, cubriremos con una buena capa de mermelada de fresa (ponle, ponle bien, no nos seas agarrado) y unas fresitas por encima.

CON ESTA TARTA DE QUESO ENAMORARÁS A CUALQUIER SIESO.

TIRAMISÚ EXPRÉS EN VASO

⧗ **TIEMPO:** EXPRÉS

⛓ **DIFICULTAD:** *TRANQUI,* ¡ES LA VERSIÓN EXPRÉS Y FÁCIL!

👤 2-3 VASITOS

INGREDIENTES

- 200 ml de nata para montar
- 80 g de azúcar
- 200 g de queso mascarpone
- 1 cucharada de esencia de vainilla
- 6 o 7 bizcochitos
- 1 café
- cacao en polvo para espolvorear

Si tienes antojo de tiramisú, pero te da pereza ponerte al lío, te presentamos la versión exprés: no tardarás más de 5 minutitos en hacerlo (a ver, no me seas vago, que solo son 5 minutos).

1. Primero montaremos la nata con el azúcar.
2. En un bol aparte batiremos el queso mascarpone y la esencia de vainilla.
3. Ahora podremos incorporar la nata a la mezcla, ¡pero SUUUAAAVE, animal! Delicado, con movimientos envolventes, si no, se te bajará, y eso no lo queremos.
4. Mientras tanto, prepararemos 2 cafelitos, uno para el postre y otro para despertarnos.
5. A continuación, pasaremos a montar los vasitos: de base los bizcochitos mojados en café, la mezcla, más bizcochito con café y más mezcla, así, hasta llegar arriba. Puedes hacer las capas que quieras.
6. Por último, espolvorearemos cacao en polvo, ¡y ya lo tendríamos!

¡ESTE TIRAMISÚ QUE NOS HEMOS MARCADO TE DEJARÁ PARALIZADO!

TARTA DE ZANAHORIA SALUDABLE EXPRÉS
AL MICROONDAS

⌛ **TIEMPO:** COMO DICE AHÍ ARRIBA, EXPRÉS

🧩 **DIFICULTAD:** NULÍSIMA

👤 2 UNIDADES

INGREDIENTES

- 1 huevo
- 2 cucharadas de leche
- 2 cucharadas de zanahoria
- 1 cucharada de aceite de oliva
- 3 cucharadas de harina de avena
- 1 cucharada de levadura química
- canela en polvo al gusto
- una pizca de sal
- un puñadito de nueces
- 1 yogur griego
- esencia de vainilla

Esta tarta de zanahoria exprés te salvará de muchas meriendas, y tu cuerpo te lo agradecerá, pillín.

1. En un bol pondremos el huevo, la leche, la zanahoria, el aceite y removeremos bien.
2. Seguiremos añadiendo la harina, la levadura, la canela en polvo, la sal y las nueces (por supuesto, quitándoles las cáscaras y a trocitos, no te vayas a dejar la dentadura, mi *arma*).
3. Mezclaremos bien hasta que se integren todos los ingredientes.
4. Llevaremos la mezcla a un vasito apto para el microondas y lo dejaremos 1 minuto o 1 minuto y unos segundos, depende de la potencia (la tuya no, la del microondas).
5. Una vez lista, terminaremos poniendo una capa de yogur griego por encima (claro, no va a ser por debajo) y canela molida.

ESTA TARTA DE ZANAHORIA TE SABRÁ A GLORIA.

NUESTRO FAMOSO COULANT

⏳ **TIEMPO:** MÁS RÁPIDO QUE UN *REMPÁLAGO*. RELÁMPAGO, VAYA

🧩 **DIFICULTAD:** LA DIFICULTAD AQUÍ ES UN CERO A LA IZQUIERDA

👤 6 UNIDADES

INGREDIENTES

- 150 g de mantequilla
- 150 g de chocolate negro
- 3 huevos
- 100 g de azúcar
- 70 g de harina tamizada
- 2 cucharadas de cacao tamizado en polvo
- una pizca de sal

¡Este es nuestro famoso coulant, el que vuelve loca a toda nuestra familia con su interior cremoso y fundente! Yo no me creía que era tan fácil de hacer (creía más en el ratoncito Pérez que en esta receta) hasta que me la enseñó mi madre.

1. Primero precalentaremos el horno a 200 °C durante 10 o 15 minutos.
2. En un bol añadiremos la mantequilla y el chocolate negro y derretiremos.
3. Reservaremos (me cuesta mucho aguantar sin comérmelo).
4. En otro bol añadiremos los huevos junto con el azúcar y batiremos.
5. Una vez que el azúcar esté bien integrado, agregaremos la mezcla de la mantequilla y el chocolate (no sé ni cómo he podido aguantar) y lo mezclaremos.
6. Ahora le toca el turno a la harina tamizada, el cacao en polvo tamizado y la sal para darle un toquecito (no te pases, ¿eh?, a ver si te va a quedar igual de salado que cuando tragamos agua en la playa).
7. Llevaremos la mezcla a unos moldes previamente engrasados.
8. Lo meteremos en el horno a 200 °C 10 minutos, así te quedará fundidito y cremoso por dentro.
9. Por último, esperaremos 5 minutitos para desmoldar (venga, que ya acabamos, no nos seas ansioso).

A TODOS OS GUSTARÁ ESTE COULANT DE CHOCOLATE. ¡NO, NO HAY DEBATE!

FLAN DE CHOCOLATE SALUDABLE

⧗ **TIEMPO:** NO TE VAS NI A ENTERAR

⚙ **DIFICULTAD:** NI UNA MIAJA

👤 3-4 UNIDADES

INGREDIENTES

- 500 ml de leche semi o desnatada (o la que más te guste, no nos vamos a poner exquisitos)
- 3 cucharadas de cacao puro en polvo sin azúcar
- 50 g de edulcorante
- 1 cucharada de esencia de vainilla
- 5 hojas de gelatina
- agua

Nos comeríamos este flan a todas horas, pero... hay que tener cabeza, glotón.

1. Primero pondremos a hidratar las láminas de gelatina en agua (porque, si no, palabrita que no te va a salir *na de na*).
2. En un cazo a fuego medio-alto añadiremos la leche, el cacao, el edulcorante y la vainilla.
3. Mezclaremos hasta que no quede ningún grumito.
4. Una vez hidratada la gelatina, la añadiremos al cazo con los demás ingredientes y batiremos para que se integre bien.
5. Por último, llevaremos la mezcla a los moldes de flan (si no tienes moldes, no te preocupes, es solo postureo, puedes ponerla en cualquier sitio, como, por ejemplo, un vasito y, ea, *solucionao*) y a la nevera un ratito para que endurezca.

CON ESTE FLAN DE CHOCOLATE
NUESTRO CORAZÓN PALPITA
COMO UNA PATATA FRITA.

HELADO DE CHEESECAKE

⏳ **TIEMPO:** 15 MINUTEJOS

🧩 **DIFICULTAD:** FACILONGO

👤 3-4 PERSONAS

INGREDIENTES

- 300 g de fresas congeladas
- 100 g de leche condensada
- 200 ml de nata para montar
- 100 g de queso crema
- 10 galletas troceadas
- unas gotas de colorante alimentario rojo (opcional)

Imagínate que estamos en pleno julio y te apetece algo fresquito. Pues, ea, aquí tienes este pedazo de helado de cheesecake para combatir el dichoso calor. ¿Hay algo más agobiante que el calor? Ay, sí, el trabajo.

1. En el vaso batidor o en el robot (o lo que tengas), mezclaremos todos los ingredientes (en este caso no hace falta montar la nata; podemos añadirla directamente), menos las galletas.

2. Trituraremos con *energy* (como cuando lo das todo de fiesta), y, si quieres, puedes poner un poquito de colorante alimentario rojo para obtener ese rosa más Barbie.

3. Una vez triturados todos los ingredientes, llevaremos la mezcla a un recipiente, añadiremos las galletas troceadas y les daremos un meneo con la lengua (¡la tuya no, la de la espátula!) para integrarlas.

4. Pondremos papel film por encima y al congelador entre 3 y 4 horitas para que el helado quede más duro que un puñetazo de Hulk.

5. Por último, cuando lo saques del congelador, espera unos 5 minutos para poder hacer las bolas, si no, se te hará más difícil que memorizar un trabalenguas en alemán.

PETRIFICADO SE QUEDARÁ TU CRUSH CON ESTE PEDAZO DE HELADO.

NUESTRA MACEDONIA

⧖ **TIEMPO:** EL DE TROCEAR LA FRUTA

🧩 **DIFICULTAD:** NO HAY, NO EXISTE

👤 3 COPAS

INGREDIENTES

- 1 manzana
- 1 melocotón
- 1 kiwi
- 1 plátano
- 1 cucharada de canela en polvo
- unas gotas de esencia de vainilla
- 1 lata de leche de coco

Seguro que nunca has probado una macedonia como esta, aunque no me juego na, que no somos mucho de apostar, somos mu cobardes pa eso.

1. Primero lavaremos toda la fruta y la pelaremos.
2. La cortaremos en trozos más bien pequeños (no nos vayamos a atragantar).
3. En un bol pondremos la leche que más te guste (no vale tu mala leche), en nuestro caso, leche de coco.
4. La perfumaremos con la canela y unas gotas de vainilla.
5. Por último, añadiremos la fruta y la dejaremos en la nevera un ratito (ya, ya, crees que este paso lo vas a hacer, ¿verdad? Pero es que cogerá todo más saborcito, ¡enga, no me seas un ansia viva y espera un poquito!).

EN VERANO, CON EL CALORCITO,
SIEMPRE APETECE ALGO FRESQUITO,
Y ESTA MACEDONIA DE FRUTAS
¡ES IDEAL, CHAVAL!

NATILLAS DE CHOCOLATE SALUDABLES

⧗ **TIEMPO:** MÁS RÁPIDAS QUE FORREST GUMP

🧩 **DIFICULTAD:** CUALQUIER VAGO PUEDE HACER ESTA RECETA

👤 3 UNIDADES

INGREDIENTES

- 350 ml de leche desnatada
- 2 yemas de huevo
- 3 cucharadas de cacao puro en polvo
- 30 g de stevia
- 1 cucharada de maicena

Apúntate estas natillas saludables porque serán tu nueva adicción.
¿Que no nos crees? Será posible... ¡Venga, empezamos!

1. En una olla a fuego medio echaremos las yemas y la leche (reservaremos un vasito).
2. También añadiremos el cacao puro y el edulcorante (si no, no serás capaz de comerte esto, quedará más fuerte que una mermelada de ajos).
3. Al vasito que reservamos al principio le añadiremos 1 cucharada de maicena (así nos aseguraremos de que no queden grumos), mezclaremos y para la olla.
4. A los pocos minutos verás que empezará a medio espesar (tiene que quedar una consistencia cremosa); cuando tengas una textura ni líquida ni espesa, ese será el punto.
5. Apagaremos el fuego y llevaremos la mezcla a unos moldes.
6. No me seas bruto y déjalas enfriar antes de comer.

BARRIGA LLENA NO SIENTE PENA.

El que escucha nuestro consejo llegará lejos:

- Pon papel film mientras estén enfriando, de esta manera evitaremos que entre aire y se cree una costra.

LAS RECETAS DE MI MADRE

CUIDADO
CON ESTAS
SALSAS
Y CREMAS
PORQUE
TE CREARÁN
ADICCIÓN

LA BECHAMEL PERFECTA

⏳ **TIEMPO:** NO TARDAS *NA*

🧩 **DIFICULTAD:** MÍNIMA, MADRUGAR LOS LUNES ES MÁS DIFÍCIL

👤 2 PERSONAS

INGREDIENTES

- 50 g de mantequilla
- 3 cucharaditas de harina
- 250 ml de leche
- 1 pellizquito de nuez moscada
- sal al gusto
- aceite de oliva al gusto
- ½ cebolla (opcional)

Gracias a mi madre he aprendido a hacer la bechamel perfecta, y te lo tenemos que enseñar sí o sí. Ve a por la libreta, que empezamos.

1. Primero cortaremos la cebolla en juliana y la pocharemos en una sartén con un poquito de aceite.
2. En un cazo a fuego medio derretiremos la mantequilla.
3. Añadiremos la harina y la tostaremos (si no, sabrá a crudo y eso no lo queremos, por Dios).
4. Iremos añadiendo leche poco a poco y removiendo hasta que espese.
5. Incorporaremos la nuez moscada y la sal.
6. Una vez todo listo (esto es opcional, pero haznos caso cuando te decimos que la bechamel con cebolla es más rica, como la tortilla. ¡Uy!, hemos abierto un debate), pondremos la cebolla que habíamos preparado previamente y le pasaremos la batidora para que la bechamel quede bien integrada, sin grumos, muuuy fina y deliciosa.

¡QUÉ RICA ESTÁ LA SALSA CON MIEL, PERO MÁS RICA AÚN LA SALSA BECHAMEL!

El que escucha nuestro consejo llegará lejos:

- ¡Si quieres más cantidad, solo tienes que duplicar los ingredientes!

CREMA DE CALABACÍN

⧗ **TIEMPO:** ESCASO

✿ **DIFICULTAD:** NULA

👤 4 PERSONAS

INGREDIENTES

- 2 calabacines
- 1 patata
- ½ cebolla
- una pizca de sal
- aceite de oliva al gusto
- agua

Así de fácil es nuestra crema de calabacín. Apúntatela para la operación bikini, porque, además, está de locos.

1. Lavaremos muy bien los calabacines.
2. Los pelaremos (nosotras dejamos algo de piel para que salga con ese colorcito verde esperanza) y cortaremos en rodajas.
3. En una olla con un poco de aceite rehogaremos la cebolla cortada en trocitos (aquí sí que podemos decir que no importa el tamaño).
4. Una vez lista, añadiremos las rodajas de calabacín y la patata, cubriremos con agua y pondremos una *mijita* de sal.
5. Lo dejaremos hirviendo unos 30 minutos.
6. Por último, trituraremos y serviremos.

SI CENAS ESTA CREMA DE CALABACÍN,
SE TE QUEDARÁ UN TIPÍN. FIU, FIU.

CREMA DE CALABAZA

⧖ **TIEMPO:** 35 MINUTILLOS DE *NA*

❖ **DIFICULTAD:** IMAGINARIA

👤 4 PERSONAS

INGREDIENTES

- 500 g de calabaza limpia
- 1 patata
- 1 puerro
- 4 quesitos (de tu preferencia)
- aceite de oliva al gusto
- una pizca de sal
- agua

No te podrás resistir a esta exquisita crema de calabaza, que se hace con pocos ingredientes y en un plis plas.
¡¡¡Venga, que empezamos!!!

1. Troceamos el puerro, la patata y la calabaza.
2. En una olla pondremos un poquito de aceite y los sofreiremos con un poquito de sal.
3. Cubriremos con agua y lo dejaremos hirviendo hasta que se pongan tiernecitos.
4. Batiremos todo superbién para que no queden grumos.
5. Por último, añadiremos los quesitos, rectificaremos de sal y volveremos a batir para que de una vez por todas se integren todos los sabores.

CON ESTA CREMA DE CALABAZA,
¡NO TE CRECERÁ LA PANZA!

CREMA KINDER® SALUDABLE
CON 3 INGREDIENTES

⏳ **TIEMPO:** LITERAL, 10 MINUTOS

🧩 **DIFICULTAD:** ¿BROMEAS? NO HAY NINGUNA

👤 3-4 PERSONAS

INGREDIENTES

- 150 g de avellanas peladas sin sal
- 2 cucharadas de leche en polvo
- 120 g de chocolate blanco sin azúcar

¿Sabías que puedes hacer la famosa crema Kinder® en casa con 3 ingredientes y en 10 minutitos? Que sí, que sí, como lo lees. ¡Vamos al lío!

1. En una buena picadora picaremos muy bien las avellanas hasta que quede una cremita. Tendremos que estar parando cada minuto y medio o dos e ir bajando las avellanas para evitar que se queme la batidora, si no, tendrás la crema Kinder®, pero te habrás quedado sin batidora. (Habremos tardado unos 6 o 7 minutos).

2. Cuando tengamos la cremita añadiremos (en la misma picadora) la leche en polvo y el chocolate blanco derretido sin azúcar.

3. Por último, volveremos a darle caña a la picadora para que quede todo bien mezclado.

LAS PENAS CON DULCE SON MENOS PENAS.

CREMA DE PISTACHOS SIN AZÚCAR

⏳ **TIEMPO:** UN RATITITO DE NA

🧩 **DIFICULTAD:** IMPOSIBLE QUE HAYA DIFICULTAD

👤 3-4 PERSONAS

INGREDIENTES

- 300 g de pistachos pelados
- 200 g de chocolate blanco sin azúcar

Hay muchas cremas de pistachos, pero esta es la más sencilla, fácil y rápida, así que apúntatela, mi arma.

1. En una buena picadora (porque, si no, no sabemos si te los va a picar bien bien) trituraremos los pistachos (a poder ser, que ya vengan pelados, o irás más lento que un caracol con asma). Pararemos cada poquito para bajar los pistachos que se queden por los bordes de la máquina (si no, puedes quemar la picadora, y eso no hace ninguna gracia).

2. Derretiremos el chocolate blanco en el microondas en intervalos de 30 segundos o al baño maría.

3. A los 7 u 8 minutos aproximadamente ya tendremos nuestra cremita y será momento de añadir nuestro chocolate blanco derretido.

4. Por último, volveremos a batir para que se integren los dos ingredientes, y ¡*finiquitao*!

ESTA CREMA DE PISTACHO TE MOLARÁ MAZO.

GAZPACHO AL ESTILO DE MI MADRE

⏳ TIEMPO: UN *RATICO* DE *NA*

🧩 DIFICULTAD: CERO SOBRE CERO

👤 4-6 PERSONAS

INGREDIENTES

- 1 kg de tomates pera
- 1 pimiento verde
- 1 pepino
- 2 dientes de ajo
- 50 g de pan tostado
- 50 ml de aceite de oliva
- 1 vaso de agua
- sal al gusto
- 50 ml de vinagre
- 2 tiras de pimiento rojo (para decorar)

¿A quién le apetece un buen gazpacho? ¿A ti? Pues, venga, ¡empezamos!

1. Primero lavaremos y trocearemos el pimiento verde, el pepino, los ajos, el tomate y el pan.
2. En un vaso para batir introduciremos todos los ingredientes y batiremos superbién para que quede una textura PERFECTA.
3. Una vez triturado, lo pasaremos todo por un colador fino porque no queremos encontrarnos grumos, ni pieles ni semillas, ¡¡¡fuera de nuestra vida!!!
4. Por último, serviremos con trocitos de pimiento verde y rojo y pan tostado.

CHACHO, ¡HAZTE ESTE GAZPACHO!

El que escucha nuestro consejo llegará lejos:

· No hace falta pelar los tomates, ya que luego lo colaremos.
· Pero los ajos sí, ¿ehhh?, no me seas de tu pueblo.

SALMOREJO AL ESTILO DE MI MADRE

⌛ **TIEMPO:** QUÉ TIEMPO NI QUÉ TIEMPO

🧩 **DIFICULTAD:** CASI NULA

👤 5-6 PERSONAS

INGREDIENTES

- 1 kg de tomates
- 200 g de pan
- 120 g de virutas de jamón
- 150 ml de aceite
- 1 diente de ajo
- sal al gusto
- 4 huevos (para decorar)

Si te gusta más el salmorejo que el gazpacho, no te preocupes, ¡en este libro tienes de to! ¡Ahí va!

1. Primero lavaremos y cortaremos los tomates.
2. Luego, los pondremos en un bol y los trituraremos con la batidora (claro, no va a ser con la boca).
3. Pasaremos esta mezcla por un colador.
4. Cortaremos el pan en trocitos pequeños y los añadiremos a la mezcla anterior junto con el ajo, el aceite de oliva y la sal, y trituraremos (intenta que te quede una textura fina).
5. Por último, serviremos con virutas de jamón (si es ibérico mejor, llámanos tontas) y trocitos de huevo duro.

CON ESTE SALMOREJO
TE QUEDARÁS PERPLEJO.

El que escucha nuestro consejo llegará lejos:

- No hace falta pelar los tomates, ya que luego lo colaremos.
- Pero el ajito sí.

LACTONESA

TIEMPO: ESTO ES MÁS RÁPIDO QUE LA LUZ

DIFICULTAD: SI TIENES DIFICULTAD CON ESTO, PARA EL MUNDO, QUE NOS BAJAMOS

6 PERSONAS

INGREDIENTES

- 100 ml de leche
- 200 ml de aceite de oliva
- 1 o 2 dientes de ajo
- sal al gusto

¿Eres de los que no comen alioli porque lleva huevo crudo? Pues con esta receta no te volverá a pasar, queda increíblemente buena. ¿A qué esperas?

1. En un vaso batidor ponemos la leche e iremos añadiendo el aceite poco a poco en hilo.
2. Una vez integrado el aceite, tendremos que hacer un movimiento sexi hacia arriba y hacia abajo.
3. A continuación, añadiremos el ajo (la cantidad depende de si te gusta espantar a tu pareja o no) y la sal.
4. Por último, volveremos a batir para que se mezclen bien todos los ingredientes.

PONLE ESTA LACTONESA SOBRE LA MESA, Y LA DEJARÁS PATITIESA.

MAYONESA DE AGUACATE

TIEMPO: ¿SABES LO QUE ES *NA*? PUES ESO, *NA*

DIFICULTAD: LA MISMA QUE TIENE COMÉRSELA

4 PERSONAS

INGREDIENTES

- 1 huevo cocido
- 1 aguacate (madurito)
- el zumo de ½ limón
- 30 ml de aceite de oliva
- sal al gusto

Si piensas que el aguacate es insípido es porque nunca has probado esta mayonesa de aguacate. ¿Cómo la llamarías tú? A ver, nombres raros no, ¿eh?, que nos conocemos.

1. Primero pondremos a hervir un huevito. Hombre, ya que estás, ponte unos cuantos más, y ya tienes la cenita... ¡De nada!
2. Cuando esté cocido, lo llevaremos a un bol junto con el aguacate madurito, el zumo de limón, el aceite y la sal.
3. Por último, batiremos todos los ingredientes hasta que tengas una salsita suave, pero, oye, muy rica.

CON ESTA MAYONESA DE AGUACATE LOS DEJARÁS FUERA DE COMBATE.

LAS RECETAS QUE MÁS OS HAN GUSTADO

BOCADILLO
DE CALAMARES Y ALIOLI
CON TRUCO

⌛ **TIEMPO:** TAMPOCO MUCHO

DIFICULTAD: TIENE MÁS DIFICULTAD COMERTE EL BOCATA SIN MANCHARTE

👤 4 PERSONAS

INGREDIENTES

- 600 g de anillas de calamar
- ½ cerveza
- harina de garbanzo para enharinar
- sal al gusto
- 6-7 cucharadas de aceite de oliva para freír
- 4 barritas de pan individuales
- alioli al gusto

Como no siempre que se nos antoje un bocata de calamares podemos ir a Madrid (no somos las Kardashian), hoy te traemos la receta para que lo puedas hacer en casa. A problemas, soluciones.

1. Primero lavaremos las anillas (si te gusta complicarte, puedes comprar el calamar entero y cortarlo tú) y les daremos la vuelta.
2. Las pondremos en un bol con cerveza (unos 10 minutos). Al cabo del tiempo, las escurriremos.
3. Añadiremos sal y las pasaremos por harina de garbanzo, que para esto es mucho mejor. Sacúdelas para que no queden pegotes, que no nos gustan los pegotes, ¿verdad que no?
4. Las freiremos en abundante aceite.
5. Por último, prepararemos el pan con bien de alioli (ya sea casero o industrial), pondremos nuestros calamares y otra vez bieeen de alioli. Con tanto alioli, tu pareja no se va a acercar a ti en todo el día.

UN BUEN BOCADILLO DE CALAMARES TE QUITA TODOS TUS PESARES.

El que escucha nuestro consejo llegará lejos:

· Para saber que los calamares ya están hechos, espera a que suban para arriba (hay que ver cómo somos los españoles, ¿ehhh?, no van a subir para abajo), es decir, cuando floten.

CREMA DE WHISKY

⏳ **TIEMPO:** 2 MINUTOS DE NADA

🧩 **DIFICULTAD:** NI UN POQUITO DE DIFICULTAD

👤 2-3 VASOS

Si eres fan de la crema de whisky, no puedes dejar pasar esta receta porque se hace en 2 minutos y queda tremendamente buena. Te arrepentirás el resto de tu vida si no la haces.
Vale... sí, estamos exagerando un poco, pero haznos caso, por algo se hizo viral en nuestras cuentas, ¿no?

INGREDIENTES

- 120 g de leche condensada
- 100 ml de whisky
- 1 cucharada de cacao en polvo
- 1 cucharada de café soluble

1. En un recipiente para batir mezclaremos la leche condensada y el whisky.
2. A continuación, añadiremos el cacao (en nuestro caso puro, así da la sensación de que es más sano) y el café soluble.
3. Por último, volveremos a batir, y... no te pongas mucho, que marea.

SI YA SABEN CÓMO ME PONGO,
«PA» QUÉ ME INVITAN.

TRAMPANTOJO DE PIÑAS

⏳ **TIEMPO:** LO IMPORTANTE ES QUE QUEDAN *CUQUIS*

🧩 **DIFICULTAD:** DIFICULTAD NO, LABORIOSA, UN POQUITO

👤 5-6 PIÑAS

INGREDIENTES

- 200 g de galletas
- 100 g de nueces
- 70 g de azúcar
- 100 g de mantequilla
- 1 cucharada de esencia de vainilla
- 2 o 3 cucharadas de cacao
- 70 ml de leche (si ves que le falta, añádele un pelín más)
- cereales
- azúcar glas al gusto

Si quieres quedarte con todos en la cena de Navidad, prepara estas piñas de postre. Fueron todo un bombazo en nuestras redes sociales. Hazlas, y triunfarás. ¡Asegurao!

1. Mezclaremos todos los ingredientes en un bol, menos los cereales y el azúcar glas, y lo llevaremos a la nevera 2 horitas para que endurezca la masa.
2. Pasado el tiempo le daremos forma de piña (o sea, ovalada).
3. Por último, los cereales esos taaan típicos, si ya sabes cuáles son... no te lo podemos decir... (Chocapic®)... los iremos clavando para que parezca una piña de verdad.

CON ESTAS PIÑAS DEJARÁS CON LA BOCA ABIERTA A TUS NIÑOS Y A TUS NIÑAS.

El que escucha nuestro consejo llegará lejos:

- Puedes espolvorear un poco de azúcar glas para que parezca nieve.

POSTRE DE NUBES VIRAL

⏳ **TIEMPO:** MÁS RÁPIDO QUE PILLAR A UN MENTIROSO

🧩 **DIFICULTAD:** CERO PATATERO

👤 2-3 PERSONAS

INGREDIENTES

- 1 taza de leche evaporada (200 g)
- 15 o 16 nubes o malvaviscos
- 2 cucharadas de cacao puro

Esta receta fue viralísima en nuestros canales, con más de cinco millones de visitas, sí, sí, cómo lo lees, así que tenía que estar en nuestro libro sí o sí, ¿verdad? ¡¡¡VENGA, ARRANCAMOS!!!

1. En un recipiente para batir introduciremos las nubes (malvaviscos, *marshmallows*, cómo quieras llamarlas), la taza de leche evaporada y el cacao puro sin azúcar (sí, así parece que es un poco más sano).
2. Lo batiremos con la batidora sin que quede ningún grumo.
3. Repartiremos la mezcla en moldes o vasitos (lo que tengas por casa, vaya).
4. Por último, a la nevera mínimo 2 horas para que solidifiquen y queden *buenorras*.

SI LA VIDA NO ES DULCE...
¡¡¡ENDÚLZALA TÚ MISMO!!!

POSTRE VIRAL DE CAFÉ

⏳ **TIEMPO:** 10 MINUTITOS

🧩 **DIFICULTAD:** ESCASITA

👤 5-6 PERSONAS

INGREDIENTES

- 1 l de leche
- 1 taza de maicena
- 5 cucharadas de azúcar
- 1 ramita de canela
- 2 o 3 cucharadas de café soluble
- 1 cucharada de esencia de vainilla

¿Sabías que este postre alcanzó más de dieciséis millones de visitas? Sí... es muy fuerte, ni nosotras mismas nos lo creemos, bueno, en verdad, sí, pa qué mentir, ¡solo hay que ver la pinta que tiene!

1. En un cazo pondremos el litro de leche, menos un vaso, que reservaremos.
2. Añadiremos luego el azúcar y la canela.
3. El vaso de leche que reservamos al principio nos servirá para diluir la maicena (hay que mezclarla superbién para que no queden grumos, si no, obtendremos una textura un tanto extraña y que no mola nada).
4. Cuando la leche esté caliente, incorporaremos la maicena, el café soluble y la esencia de vainilla.
5. Mezclaremos a una temperatura media (quitaremos la rama de canela) y a los 5 minutos aproximadamente empezará a espesar (vamos, eso te lo juramos nosotras por lo menos por Mafalda, por no decir siempre Snoopy).
6. Por último, llevaremos a un molde previamente engrasado y luego a la nevera unas horitas para que esté fresquito.

NO ES QUE EL CAFÉ ME DÉ INSOMNIO, ES QUE ME HACE SOÑAR DESPIERTO.

El que escucha nuestro consejo llegará lejos:

- Puedes sustituir el azúcar por otros edulcorantes, como stevia, eritritol, sacarina, miel, etc.
- El molde lo engrasamos con aceite, pero también puedes utilizar mantequilla o cubrirlo con papel de horno.

TARTA SALUDABLE
CON 2 INGREDIENTES

⏳ **TIEMPO:** PONLE
10 MINUTILLOS

♟ **DIFICULTAD:** ES IMPOSIBLE
QUE HAYA DIFICULTAD

👤 4 PERSONAS

INGREDIENTES

- 3 plátanos
- 200 g de chocolate negro
- aceite de oliva para engrasar

Esta receta fue un pedazo de viral en nuestras cuentas. Pero oye, no nos extraña, ya que se hace de manera fácil, rápida, es saludable y queda riquísima.

1. Primero tendremos que batir los plátanos hasta que obtengamos un puré.
2. Derretiremos el chocolate negro.
3. Mezclaremos ambos ingredientes.
4. Llevaremos la mezcla a un molde engrasado con aceite (si no, se quedará más pegado que un pantalón pitillo).
5. Por último, a la nevera unas horitas.

QUIEN REPARTA SE LLEVARÁ LA MEJOR TARTA.

SALSA VERDE

⧗ **TIEMPO:** POCO,
POQUÍSIMO, VAYA

⊞ **DIFICULTAD:** FICTICIA

⚇ **6 PERSONAS**

INGREDIENTES

- 3 dientes de ajo
- 1 manojo de perejil
- 1 puñado de almendras crudas peladas
- 1 vaso de aceite de oliva
- ½ vaso de agua ¡caliente!
- sal al gusto

Uno de nuestros virales en nuestras cuentas fue esta salsita verde que hacíamos en nuestro negocio de comidas caseras y pollos asados. Llamó tanto la atención que tenía que estar en este pedazo de libro.

1. Es tan fácil como llevar todos los ingredientes a un recipiente para batir (los ajos pelados, no me seas bruto).
2. Los batiremos alrededor de unos 3 o 4 minutos.
3. Por último, serviremos.

ESTA SALSA VERDE
ES «PA» QUE LA RECUERDES.

El que escucha nuestro consejo llegará lejos:

- No te olvides del medio vaso de agua CALIENTE, ya que es el ingrediente clave de esta receta. Así quedará una textura consistente y, encima, ¡no repite!
- Esta salsa puede durar en la nevera entre 5 o 7 días.
- Trocea el perejil para ayudar a la batidora y que no se enrede en la cuchilla (imagínate, qué desastre).

MOUSSE DE CAFÉ

⏳ **TIEMPO:** 5 MINUTOS, YA VES TÚ

🧩 **DIFICULTAD:** MENOS CIEN

👤 2 COPAS

INGREDIENTES

- 6 cucharadas de café soluble
- 8 cucharadas de azúcar
- 8 cucharadas de agua ¡caliente!

Esta mousse de café es una de las recetas que más gustó en nuestras redes sociales. Por algo será, ¿no?, así que tráete la libreta y apúntala, mi arma.

1. En un vaso batidor añadiremos el café soluble (nosotras preferimos el descafeinado porque, si no, dormiríamos menos que una madre con un bebé lactante).
2. Después agregaremos el agua CALIENTE y el azúcar.
3. Por último, tendremos que batir superbién con las varillas eléctricas (más que nada porque, si no, tardarás más que una mañana en el paro) hasta que te quede la cremita deseada.

SORPRENDE A TU HERMANO CON ESTA MOUSSE DE CAFÉ ESTE VERANO.

NUESTRO POLLO ASADO

⏳ **TIEMPO:** MODERADO

🧩 **DIFICULTAD:** AL FINAL NO NOS VAS A CREER, PERO NO TIENE DIFICULTAD, YA NOS CONOCES, TODO FACILITO

👤 4 PERSONAS

INGREDIENTES

- 1 pollo
- 2 o 3 cucharadas de mantequilla
- preparado para pollos asados o sazonador para carnes
- 2 vasos de agua
- 1 ajito
- 1 trozo de limón
- 4 patatas

La especialidad de nuestro negocio eran los pollos asados. Además, gustó mucho la receta en las redes sociales y tenía que estar escrita en este pedazo de libro. Por cierto, ¿te está gustando?

1. Primero precalentaremos el horno a 200 °C.
2. Untaremos el pollo con la mantequilla, lo sazonaremos y le pondremos el ajo y el limón dentro (porque, por fuera, como que se le cae).
3. Lo llevaremos al horno y en la bandeja incorporaremos un par de vasitos de agua y una cucharada de mantequilla.
4. Lo dejaremos 1 hora y 15 minutos por cada lado, calor arriba y abajo, a 170 °C.
5. Cortaremos las patatas por la mitad y añadiremos un poquito más de sazonador.
6. Por último, cuando le demos la vuelta al pollo, será momento de añadir las patatas (a los 30 minutos aproximadamente dale la vuelta a las papas, como tú en la playa cuando te tumbas al sol, porque, si no, te quedarán más quemadas que las fallas de Valencia).

CON ESTE POLLO ASADO
NUNCA TE FALLARÁ EL RESULTADO.

LAS RECETAS DE MI MADRE

VARIOS
«TOS
BUENORROS»

LECHE DE AVENA SALUDABLE

⧗ **TIEMPO:** LIMITADO

⚙ **DIFICULTAD:** MEGA-HIPERSUPERFAAÁCIL

👤 3-4 VASOS

INGREDIENTES

- 1 taza de copos de avena
- endulzante al gusto
- 1 cucharada de esencia de vainilla
- 5 tazas de agua

Alguna vez te has preguntado: «¿Cómo narices puedo hacer la leche de avena en casa para ahorrarme un dinerito?». Pues aquí tienes la respuesta. ¡¡¡De nada!!!

1. En un bol añadiremos la taza de avena y una taza de agua.
2. Dejaremos remojar una media hora.
3. Pasado el tiempo pasaremos la mezcla a una batidora e incorporaremos las 4 tazas de agua restantes, el endulzante (el que más te guste, ahí no nos metemos) y la esencia de vainilla.
4. Lo batiremos superbién.
5. Por último, colaremos y serviremos.

ESTA LECHE DE AVENA PALABRITA QUE QUEDA HIPERBUENA.

El que escucha nuestro consejo llegará lejos:

- La guardaremos en la nevera y nos durará aproximadamente 4 o 5 días.

PICATOSTES
AL MICROONDAS

⧗ **TIEMPO:** COMO PARPADEES MUCHO, TE PIERDES LA RECETA

✦ **DIFICULTAD:** ESCASA, NULA, INEXISTENTE

👤 30-40 UNIDADES

INGREDIENTES

- ½ barra de pan
- un chorro de aceite de oliva
- ajo y perejil al gusto

Si te has quedado sin picatostes en casa, puedes hacer estos en 3 o 4 minutos sin encender la vitro, el horno o la freidora de Ariel. Y sin ensuciar nada. ¿Cómo? ¿Que quieres hacerlos? Pues no se diga más.

1. Primero cortaremos el pan en cuadraditos (si es del día anterior, mucho mejor).
2. Añadiremos un chorro de aceite, el ajo y el perejil.
3. Mezclaremos.
4. Por último, llevaremos los picatostes al microondas a máxima potencia unos 3 o 4 minutos, eso sí, parando cada minuto y removiendo (como cada microondas es un mundo, te aconsejamos que vayas controlando).

ESTOS PICATOSTES NOS HARÁN CRUJIR MÁS QUE LAS LETRAS DEL BANCO.

El que escucha nuestro consejo llegará lejos:

- Freidora de Ariel = Freidora de aire
— Pero... ¿por qué la llamáis así?
— En honor a un seguidor nuestro.
— Cómo sois, ¿ehhh?, sois la leche.

SANGRÍA DE VINO

⧖ **TIEMPO:** FUGAZ

⊞ **DIFICULTAD:** CÓMO VA A TENER DIFICULTAD HACER UNA SANGRÍA

👤 4 VASOS

INGREDIENTES

- 1 botella de vino tinto
- 2 cucharadas de azúcar
- 2 cucharadas de agua
- 3 naranjas
- 1 rama de canela
- 1 lata de gaseosa
- fruta (plátano)

Queremos enseñarte cómo hace mi madre la sangría en casa. Fresquita entra de maravilla, pero cuidaíto, cuidaíto.

1. Primero exprimiremos el zumo de las naranjas.
2. Cortaremos la fruta en trocitos (en nuestro caso: plátano y naranja).
3. En una jarra añadiremos la fruta, el vino tinto, el agua, el azúcar, el zumo de las naranjas, la canela y la gaseosa.
4. Removeremos y ya podremos servir (opcional, puedes añadir hielo).
5. Pero cuidado... que MAREA (el hielo nooo, ¡la sangría!).

CON ESTA SANGRÍA DIRÁS TONTERÍAS TODO EL DÍA.

El que escucha nuestro consejo llegará lejos:

- Si no te vas a beber la sangría, métela en la nevera sin hielo hasta el momento de servirla (si no, se aguará).

MOJITO DE FRESA

⏳ **TIEMPO:** LO QUE TARDAS EN BEBÉRTELO, GRANUJA

🧩 **DIFICULTAD:** NI UN POQUITO

🧍 1 BUEN VASO

INGREDIENTES

- 6 fresas
- el zumo de ½ limón
- 10-12 hojas de hierbabuena
- 2 cucharadas de azúcar
- 2 onzas de Bacardí
- hielo
- 1 vaso de gaseosa

¿Te apetece un buen mojito de fresa? Te enseñamos cómo hacerlo de manera fácil y rápida en casa. ¡Atento!

1. En un vaso mezclaremos las fresas, el zumo de limón y el azúcar, y machacaremos como si fuesen los mosquitos que te acribillan cada verano.
2. Una vez machacadito incorporaremos la hierba buena y el Bacardí.
3. Por último, añadiremos el hielo (si no, qué sentido tendría, sería como una bicicleta sin ruedas) y la gaseosa.

CON ESTE MOJITO TE MAREARÁS UN POQUITO.

LIMONADA BRASILEÑA

⏳ **TIEMPO:** MUY APROVECHADO

🧩 **DIFICULTAD:** NO SE LA VEMOS POR NINGÚN LADO

👤 3 COPAS

INGREDIENTES

- 2 limones grandecitos
- 2 tazas de agua
- 2 tazas de hielo
- ½ vaso de leche condensada

No exageramos cuando decimos que esta es la mejor limonada que hemos probado nunca. Superfresquita y con un sabor y una consistencia ¡¡¡para morirse del gusto!!!

1. Primero lavaremos muy bien los limones (fuera gérmenes, no os queremos).
2. Los cortaremos en 4 trozos y les quitaremos la parte blanca que tienen en el medio.
3. Los licuaremos junto con el agua.
4. Una vez que estén bien licuados, los colaremos (para que quede una consistencia gustosa).
5. En la misma batidora pondremos el hielo, el jugo de limón ya colado y la leche condensada.
6. Le daremos caña a la batidora de nuevo, unos 2 o 3 minutitos. Intenta que tenga potencia la batidora, si no, probablemente, o te quedas sin limonada por no poder hacerla, o te quedas sin batidora, ahí te lo dejamos.
7. Por último, serviremos.

CON ESTA LIMONADA TE QUEDARÁS EMBOBADA.

PIÑA COLADA

⌛ **TIEMPO:** TARDAS MÁS EN BEBÉRTELA QUE EN HACERLA

🧩 **DIFICULTAD:** INEXISTENTE

👤 2 COPAS

INGREDIENTES

- 150 ml de leche de coco
- 150 ml de zumo de piña
- 100 ml de ron blanco
- hielo

Si no puedes estar en la playa tomándote una piña colada, no te preocupes porque te damos la receta para que te la hagas en tu casa. Sí, sí, sabemos que no es lo mismo, pero menos es na, ¿no?

1. En una buena batidora o picadora mezclaremos la leche de coco y el zumo de piña.
2. Le daremos bate que bate y añadiremos el ron blanco (*cuidaíto, cuidaíto*, que ya sabemos que luego nos mareamos).
3. Y, por último, el hielo, ¡y lo batiremos todo suuuperbién! (Asegúrate de que sea buena batidora, porque hay que picar el hielo, y ya sabemos que está más duro que el *corasao* de tu ex).

ESTA PIÑA COLADA
TE DEJARÁ ANONADADA.

REBUJITO

⌛ **TIEMPO:** 5 MINUTILLOS

🧩 **DIFICULTAD:** MÁS FÁCIL QUE EL DISEÑO DE LA BANDERA DE JAPÓN

👤 4 PERSONAS (O DEPENDE DE LO QUE REPITAS, PILLÍN)

INGREDIENTES

- 200 ml de vino manzanilla
- ½ l de gaseosa o refresco de lima o limón
- hielo
- 4 ramitas de hierbabuena

Te enseñamos a preparar con mucho arte un pedazo de rebujito con vino manzanilla del pueblo de mi padre, Sanlúcar de Barrameda.

1. En una jarra fría añadiremos el vino blanco andaluz y el hielo (puede ser picado o entero).
2. Ahora será el momento de la gaseosa o el refresco. Importante que esté bien fresquito, si no, se nos fastidiará una *mijita* el chiringuito.
3. Por último, añadiremos la hierbabuena y mezclaremos.

EN LA FERIA DE ABRIL TÓMATE ESTE REBUJITO, AUNQUE TE ENTRE CALORCITO.

El que escucha nuestro consejo llegará lejos:

- Puedes utilizar el vino blanco que prefieras teniendo en cuenta que los más comunes son, por supuesto, el vino manzanilla de Sanlúcar de Barrameda en primer lugar (pedazo de pueblo), el rebujito con fino de la zona de Jerez y el vino Montilla Moriles de Córdoba.

MERMELADA DE ARÁNDANOS SIN AZÚCAR
AL MICROONDAS

⏳ **TIEMPO:** MENOS CERO

🧩 **DIFICULTAD:** MENOS CERO AL CUADRADO

👤 4 PERSONAS

INGREDIENTES

- 150 g de arándanos
- 2 o 3 cucharadas de edulcorante

Esta es la mermelada más rica, fácil y sencilla que verán tus ojos. Yo me quedé patidifusa cuando me la enseñó mi madre. Además, sin azúcar y en el microondas, sin ensuciar prácticamente nada. ¿Hay algo mejor que eso, por Dios?

1. En un bol verteremos todos los arándanos.
2. Los llevaremos al microondas a máxima potencia 1 o 2 minutos.
3. Los chafaremos como si fuesen la factura de la luz (con un tenedor mismo, no hace falta que saques tu pedazo de batidora).
4. Por último, añadiremos el edulcorante (el que tú prefieras, no vamos a ser fifis), y ya tienes tu mermelada exprés lista.

CON ESTA MERMELADA DE ARÁNDANOS ESTAREMOS BIEN SANOS.

El que escucha nuestro consejo llegará lejos:

- ¿Sabías que comer arándanos a diario mejora la salud?
- Aquí, alguno de los beneficios del arándano:
  - Es antioxidante.
  - Es antiinflamatorio.
  - Mejora la circulación sanguínea.
  - Rejuvenece la piel.
  - Previene enfermedades neurodegenerativas.
  Y un sinfín de propiedades más.
  Vamos, que te recomendamos que, si todavía no tienes los arándanos en tu dieta habitual, nosotras que tú los incluiríamos ya de ya.

LAS RECETAS DE MI MADRE

ÍNDICES

ÍNDICE DE RECETAS

ÍNDICE DE INGREDIENTES